荷以永續

荷蘭
創新之路

陳亮宇等／著

This is so Dutch

烏特勒支的
Place2BU 社區
一隅。

圖片來源：李沛恩

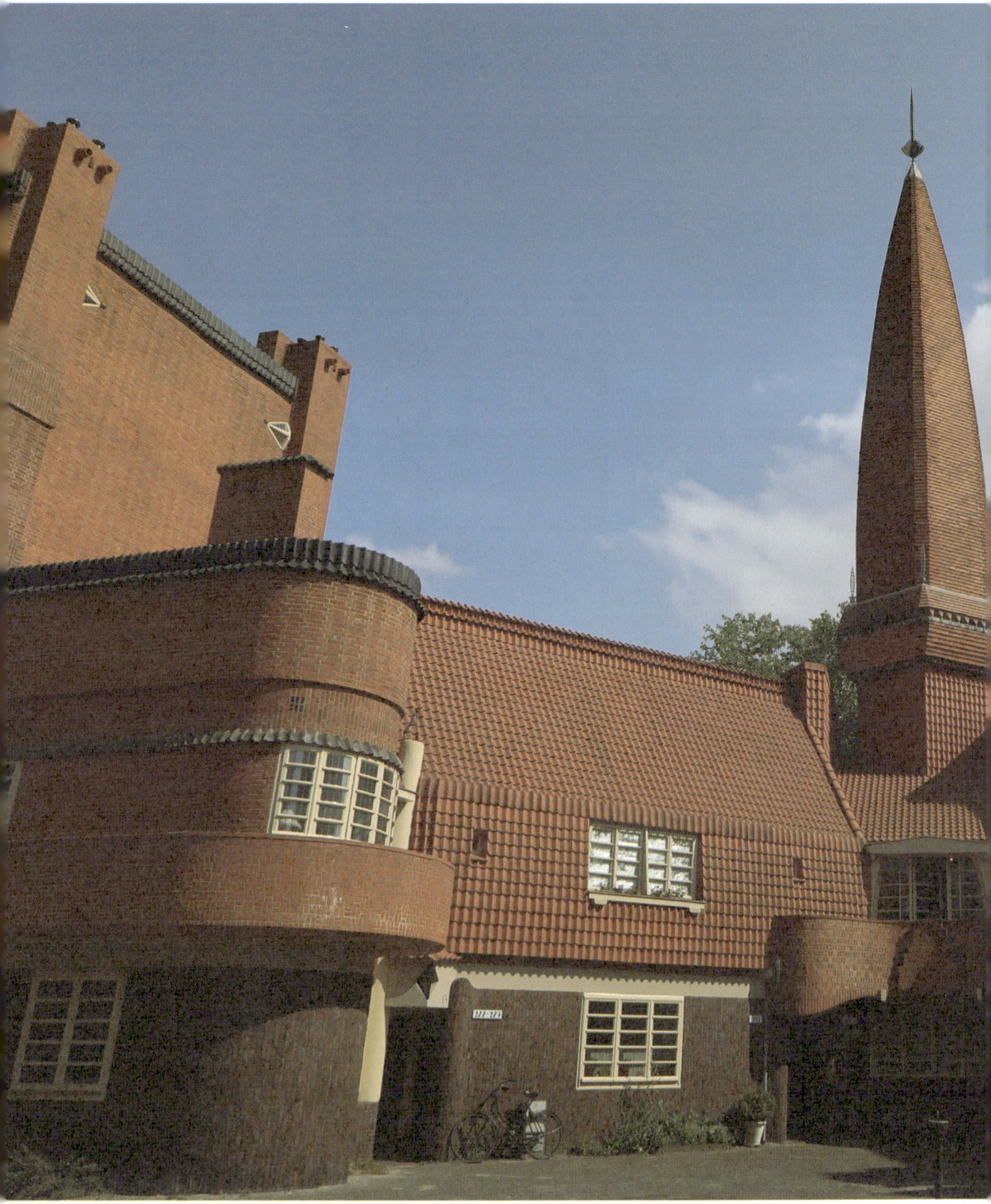

阿姆斯特丹船型公寓社區一隅。

圖片來源：李沛恩

阿姆斯特丹著名的大麻店：「鬥牛犬」(the Bulldog)。

圖片來源：葉珊

荷蘭建築師托馬斯・勞提出的循環經濟模式,
以及他和飛利浦在史基浦機場展開的《流明計價》
計畫（Pay per Lux）。

圖片來源：吳昀慶

比起大麻店賣的現成大麻捲菸（pre-rolled joint），荷蘭居民更偏好去信任的大麻店家買大麻草或膏，依照適合自己比例和量，捲成自製大麻捲。

圖片來源：廖珮馨

荷蘭瓦赫寧根針對塑膠包裝廢棄物的 PMD 收集箱。

圖片來源：Evert Sprockel

阿姆斯特丹德瓦倫紅燈區著名的紅屋劇院（Casa Rosso）。

圖片來源：顏依涵

被列為世界遺產的艾斯豪特小孩堤坊的風車磨坊網絡（Mill Network at Kinderdijk-Elshout）。

圖片來源：林宓

由左上至右上,依序為柱樁式的堡壘風車、
空心柱樁式的布拉克威爾風車、罩袍式的風箏風車,
以及棚架式的北風車。由左下至右下,
依序為仿古外型的綠能諾立風車、鋸木功能的老鼠風車、
賈斯克風車,以及混合型的艾德良風車。

圖片來源:林宓

停靠在鹿特丹的 Vessel 11。
預算不夠租個船屋趴趴走的話，
也是可以來船屋餐廳過過癮。

圖片來源：陳亮宇

推薦序

人生「荷處」不相逢

陳欣新

約莫 2013 年我仍在巴黎工作時，偶然在臉書上讀到一篇見解獨到的文章，出於好奇點開查找來源，發現這是由一群臺灣留荷學生經營的網站──「荷事生非」（Oranje Express）。當下不禁暗自讚嘆：這群留學生能在繁忙課業外，以獨到視角與深度分析，共同打造出一個兼具知識性與思辨性的優質平臺，令人敬佩！

在命運安排之下，我於 2019 年初奉派至海牙工作。記得第一天上班，在與駐荷蘭代表處同仁開會時，我主動提及對「荷事生非」的深刻印象，並請同仁安排會面。至今仍記得那個寒冷漆黑的冬夜，雙方團隊在印尼餐廳裡圍桌暢談交流。從那時起，「荷事生非」不僅成為我理解荷蘭歷史與社會發展的重要管道，「荷處」與「荷事生非」也在歷經人事更迭後，依然維持著友好的合作情誼。

2024 年是荷蘭在臺建城 400 週年，臺荷雙方政府與民間舉辦了一系列文化展演與座談活動，紀念彼此的歷史連結。在這樣的背景下，「荷事生非」攜手前衛出版社，將過去發表的文章集結成書，以更系統化的方式，引領讀者認識荷蘭的人文、社會與政經發展，別具意義。

　　日文中的「蘭學」一詞，指的是江戶時代透過荷蘭傳入日本的西方學術、文化與科技，並對日本近代化產生深遠影響。而今日，「荷事生非」的作者們，以各自專業領域為基礎，深入淺出地剖析荷蘭的社會發展與歷史脈絡，正可視為當代「蘭學」的入門磚。

　　然而，在 17 世紀幕府鎖國政策下，蘭學曾啟發日本的對外視野，而今在臺灣，它依然具備價值嗎？荷蘭值得我們關注嗎？

　　對於曾短暫在荷蘭工作與生活的我來說，答案無庸置疑。荷蘭與臺灣的面積及人口數相近，在都市規劃、永續發展、社會福利等多個面向，都展現了極具參考價值的實踐經驗。

　　在我赴任前，就曾聽外交前輩說：「凡是曾派駐荷蘭的同仁，大多認為那是外派生涯中最美好的時光。」這句話或許未經科學驗證，卻能引起許多旅居荷蘭人士的共鳴。以我粗淺的觀察，荷蘭的吸引力既非來自美食（因為幾乎沒有），也與氣候無關（除非你偏愛漫長的寒冬），而是來自那份「自在」與「舒適」。

推薦序

　　自在，是荷蘭傳統上對多元文化的包容；舒適，則得益於它精心規劃的城市設計，將自然與人文景觀和諧地交融。而這一切，皆奠基於荷蘭自認為「小國」，必須務實地面對現實並克服挑戰。

　　正是這種務實精神，使荷蘭在國際舞臺上占有一席之地。今日的荷蘭不僅是全球晶片製造設備的領導者，也是世界第二大農產品出口國。此外，在 2024 年聯合國《世界幸福報告》中排名第六，並在 Numbeo 公布的《全球生活品質排名》中位居第二。

　　如果你想知道荷蘭如何做到這一切？其歷史脈絡與背後思維為何？最直接的方式就是翻開這本書，一探究竟。

　　希望下次當你想到荷蘭時，腦海中浮現的不僅僅是鬱金香、木鞋、風車與米飛兔，更是一個曾與臺灣歷史交會，並在科技、文化與永續發展領域，始終值得我們學習與借鏡的夥伴國家。

> 本文作者為前中華民國（臺灣）駐荷蘭代表（2019-2024）、外交部禮賓處處長。

推薦序

我們播種，風自帶路

■ Ying C. 陳穎

對偏好獨立工作的我來說，Oranje Express 荷事生非的發展過程，或許是我首次真切體驗到眾志成城、一加一大於二的力量。

2011 年 11 月，我和同在荷蘭就讀社會學研究所的 Olivia 聊天，提到希望能從日常生活經驗出發，成立一個分享荷蘭生活與社會、文化觀察的粉絲專頁，結果立刻得到共鳴，兩個人風風火火在當天就立刻決定了「Oranje Express」的英文名，還申請了新的 Facebook 與 Gmail 帳號，接著定下了大致發展路線、logo 設計、分享主題與合作對象等。由於成立的時間剛好在 11 月底，我們的第一個主題就是荷蘭的特色慶典── Sinterklaas 聖尼古拉斯節；第一篇文章是我的〈Sinterklaas 與 Zwarte Piet ──歡樂慶典中的膚色爭議〉，分享荷蘭聖尼古拉斯節由來與慶祝活動，以及近十年來在聖尼古拉斯節中成為注目焦點的黑彼得爭議；Olivia 則接續分享了 Sinterklaas 的相關媒體活動。

接下來我們各自在生活中找尋觸動自己的題目，一邊保持密切聯繫，在上課、考試、讀論文、寫論文的空檔中，一邊為未來苦惱，一邊構思荷事生非的未來發展計畫。那也是我煩惱究竟要不要在畢業後前往巴黎學習甜點的關鍵時點，而 Olivia 則在為博士班計畫拚搏中。幾乎與身邊所有朋友都商談一輪後，我決定克服恐懼，再次選擇岔出主流人生流程，至少給自己一年時間去巴黎試試。當時的備案是，萬一最後發現不適合，還可以再次回到荷蘭「回歸正途」找工作。但沒想到這個決定就是我人生的分水嶺，雖然一年後曾經短暫回到荷蘭苦惱了幾個月，巴黎與法國卻成了往後事業的重心。

　　2013 年夏天短暫回到荷蘭的幾個月裡，Olivia 決定要擴大經營荷事生非，此時她也在荷蘭認識了好幾位擁有不同才能、在各自專業領域皆有一定根基，同時還有相同理念的朋友，願意一起加入，將荷事生非發展成一個引領臺荷深度交流的媒體平臺。荷事生非也開始正式招募留學生和在地臺灣朋友擔任寫手，將我們當初預想的「社會與文化觀察」觸角更加伸入至政治、環境、文學、哲學、商業、建築、設計等範疇。

　　我在反覆無數次痛苦掙扎後，最終決定還是要回到巴黎繼續甜點的旅程。在我因未來的不確定性而倍感迷茫時，當時所有創始成員們（特別是 Olivia）就是我在歐洲的家人，如果沒有他們，很難想像當時的我該何去何從、現在又會是什麼光景。後來因為大多時間都生活在巴黎，

學習與工作皆開始以甜點為中心開展，再也無力同時參與荷事生非事務；而 Olivia 則扛起了絕大部分的責任與工作，帶領著團隊持續前行。

在荷事生非開始壯大發展時，未能一起努力、也沒有為團隊成員多分擔一些，一直是我心裡很深的遺憾，對 Olivia 特別感到虧欠。唯一能稍微減輕自己罪惡感的，是荷事生非在所有人無薪無酬的熱血澆灌下，始終堅韌頑強地生長著，不僅邁入成立第 14 個年頭；現在的發展規模、主題的深度與廣度，乃至在臺荷兩地交流中的貢獻，以及參與其中、受到影響的人群，都遠遠超過我一開始的設想。

站在 13 年後的今天回望當初，很難不生起滄海桑田之感，在荷蘭的那段日子，堅實地塑造了如今的我：無論是對歷史與社會、文化觀察的興趣，還是深入探索的習慣，甚至只是基本的，對人的好奇心、對不同價值觀和思考模式的尊重。這些都要感謝荷蘭社會，還有透過荷事生非結識、交流的朋友們。而無論我們個別的經歷有多麼不同，我相信荷事生非所有的成員與作者、曾經有荷蘭生活經驗的人們，抑或對這個國家好奇的朋友，都能透過本書，再次體會我們曾經的好奇與疑問，感受那些試圖追根究底的動力，最終找到更多志同道合的夥伴，相伴尋求一個讓不同個體、群體都能生活得更自在的社會環境。

> 本文作者為荷事生非Oranje Express共同創辦人、飲食作家、「Ying C. 一匙甜點舀巴黎」主理人。

推薦序

一本知識移民社群的探索精選集

■ Olivia 董芸安

回想起曾居住十年的荷蘭，我腦中出現的通常是一些日常感官記憶：冷冽空氣裡混著青草跟運河氣味、開闊天空視野摻雜橘紅色屋頂、鋪得不怎麼平的石磚路、超市裡琳瑯滿目的各類馬鈴薯跟起司。

還有很愛講話的荷蘭人。不管想法是否精闢、思辨是否嚴謹，荷蘭人常常在發表意見。友善推論他們這麼愛講，是因為內建假設每個人的觀點不一定一樣，所以得講明白；有這種假設，可能源自於荷蘭社會的多層次樣貌。

我在閱讀《荷以永續－荷蘭的創新之路》的過程中，對荷蘭的複雜樣貌多年後再次感到驚奇。想起當時 25 歲也是因為這股感受，衝動換行動地與朋友在臉書上創建了「荷事生非」的粉絲頁，後來一群有志有力的夥伴加入，擴展成媒體網站，接著再變成社群活動的跨國組織。十多年來，荷事生非網站累積了幾百篇文章、幾千則的臉書貼文，是前前後後一百多位作者和參與團隊運作的編輯藉著日常調查研究與觀察，撐出一片理解國外社會的網路空間，一步一步帶繁體中文的讀者進入多樣貌的荷蘭社會。

其實，介紹外國（特別是歐美國家）的媒體內容可以簡單輕鬆：異國美食與生活風格街拍、留學外派的文化衝擊小故事、讚讚的高水準福利，配個美圖，流量保證。

荷事生非選了另一種路線，一條深深相識的路。沒有扁平化簡單化貼標籤亢奮地喊著「鄭成功為什麼要打跑荷蘭人」，作者和編輯們共享一種視角：外國月亮自有其陰晴圓缺。我們探問，荷蘭現在的樣子是因著什麼過去？維持這歐洲小國運作的核心／外圍系統有哪些？不同價值、背景的社群怎麼衝突／共存／融合？他們用什麼硬體建設打造出什麼樣的生活？面對當下多變的局勢，荷蘭有著什麼改變跟應對？

因此在書中，那些大眾印象的荷蘭：風車、水上屋、腳踏車、社會住宅、職場文化，被一一攤開檢視，水平分類、垂直歸因、三度延伸：荷蘭腳踏車有今天地位是多虧當年石油危機之下的汽車油價飆漲；荷蘭社會住宅是從工人住宅開始的；除了傳統船屋，荷蘭水上還有深受熱帶地區干欄建築影響的高腳屋；觀光景點的風車屬於罩袍式風車，不同類型用作排水或磨坊倉房；荷蘭職場階級很平，但公私是一道牆；除了足球，荷蘭還有獨有的菲仕蘭手球、滾地保齡球運動俱樂部。

同時，不同作者們筆下的城市，描繪不同地方的掙扎與複雜：多

推薦序

元宇宙代表——阿姆斯特丹紅燈區的運河對面就是老教堂和佛光山寺廟；有荷蘭新竹之稱、更是臺商聚集地的南部埃因霍芬，從飛利浦工廠外移後的落寞一路爬到今天智慧科技之都的位置；還有自成一格、自帶口音的牛奶之境——菲仕蘭省的呂伐登。

書裡也有大麻跟電音，作者們帶讀者認識其中涉及的產業面向與經濟利益，談荷蘭政府大膽地不斷嘗試。但荷蘭社會的大膽（或膽大），也可能是反開放、拒絕包容、有條件多元、不完全平等的。幾位作者從極右翼政黨的崛起、酷兒團體裡的階級地位、高比例荷蘭女性有了孩子便將工作改為兼職等現象，帶我們看見那個扁平想像中不會出現的陌生荷蘭。

探索外國不僅是認識外部世界，與他者相遇，那些看似無意義的比較瞬間，實則是種微妙的辯證過程，勾勒出自我的形狀。當我們理解了別處的運轉機制和生活可能性，或許能意外發現解決自身困境的新思路；有時則在差異中辨識出共通點，從而獲得一種跨越地理、更廣闊的連結感，讓我們不再感到孤島般的存在。書裡的幾篇文章，包含了剖析荷蘭過去如何「治癒」因過度依賴單一產業而出現的荷蘭病、當今能源轉型的跌撞與成就、介紹戒癮中心中途之家的藝術治療白馬治療、荷蘭年輕一代的新投票行為、建築師將循環系統應用到產業中的一步步，都讓我有這樣的新思路和連結感。

最後，關於這本書的創作者們以及背後的更大群體——荷事生非團隊，我是這麼理解的：知識的移民者，以專業知識為底蘊、探究精神為根本、文字敘事為花的人們，誕生並茁壯於2010年代自媒體蓬勃發展的網路土壤中。

　　異地生活，四面八方都是需要解碼的訊息，尋找明白是知識移民者經歷世界的途徑，多維複雜的荷蘭提供我們養分與刺激，是極佳的田野場域。團隊裡幾乎沒有誰是專業的媒體文字工作者，大家用下班下課後的時間，以專業與好奇為工具，累積拼湊似地，在荷事生非社群中共同鑿出荷蘭社會的雛形，不一定精準，文筆可能生澀，但每個作品都深深的。

　　如果荷事生非的網路文章是異國打拚人踩跟下錨後的回聲，那這本書就是一張十多年後重新混音錄製的精選集吧。謝謝製作人陳亮宇跟編輯團隊的堅持，讓我多年後再次對荷蘭感到驚奇，也謝謝荷事生非曾經、現在的夥伴成員，共赴的歷程回想起來總是配著一抹嘴邊笑。

▎本文作者為荷事生非Oranje Express共同創辦人。

序

臺荷相遇四百年之後

2025 年是臺荷歷史交會 401 年，也是「Oranje Express 荷事生非」臉書粉專成立第 14 年、「荷事生非 Oranje Express」網站成立第 11 年。多年來，荷事生非累積 150 餘位作者 800 多篇對荷蘭的觀察，以網站文章分享給海內外對荷蘭有興趣的讀者。無論臺灣、荷蘭或世界各地，「荷事生非」這四個字，使我們與不同領域的朋友產生共同話題與連結。雖然從創立至今，我們始終是依靠熱血夥伴燃燒小宇宙，才勉強維持運作的非營利組織，但只要聽到有人說「我好喜歡你們的文章」、「我出國前都看你們的文章認識荷蘭」、「有些主題，只有荷事生非才會介紹」，都讓我們有動力繼續堅持做喜歡的事。

就在 2024 年，也就是臺荷相遇 400 年、荷事生非網站達成 10 年里程碑之際，我們終於採取行動，執行一個醞釀許久的計畫——出書。在前衛出版社支持下，我們希望用紙張的觸感與溫度，保存作者群極具洞見下的荷蘭。本書扣緊荷蘭的社會文化與環境永續，透過轉型、社會與永續這三大篇章，帶領讀者認識荷蘭的社會面貌，以及永續的理念與實踐。

首先，我們想告訴讀者：你今天以為的荷蘭，從前可能不是那麼回事。數百年來，荷蘭在地理環境、社會與城市等面向，都歷經變遷和轉型，才呈現出如今的樣貌。從 Opening 的治水簡史開始後，第一篇以自行車（道）、社會住宅、智慧城市，以及福利體系和社會政策的演變，敘說荷蘭百年來的轉型之路。

其次，當臺灣人常以「外國月亮比較圓」的憧憬，配合欣羨目光，看到荷蘭眾多美好面向時，第二篇以更多元的角度、更深層的解析，帶你認識荷蘭社會與荷蘭人。讀者將會發現：啊，原來大麻不是真正的合法 !? 荷蘭人也戰南北 !? 荷蘭社會對同志可能不如你想像的那麼包容！什麼，原來荷蘭女性也面臨工作與孩子之間的壓力失衡……此外，我們更深度地探索荷蘭的文創和電音、阿姆斯特丹的紅燈區、毒品成癮者的戒癮之家、多元政黨和極右翼政黨的特色，甚至是荷蘭職場文化和荷蘭人的運動文化。

序

　　第三篇收錄的作品，扣緊荷蘭的永續思維與實踐。除了從經典的風車和水上建築展示荷蘭人如何與大自然和諧共處，我們也藉由荷蘭的剩食、塑膠包裝回收、循環時尚以及循環設計的理念，呈現荷蘭人務實卻極富創新的一面。在淨零排放成為熱門話題之際，分析荷蘭的永續能源轉型之路。

　　當然，出書實在不是一件容易的事情。早在 2022 年，荷事生非荷蘭研究發展協會與荷事生非編輯部的若干成員，就組成了「荷事生非出書不可小組」。三年多來，橫跨臺荷兩地的小組成員，針對最初的書籍包裝主軸、作者的授權合約，到最關鍵的「從既有網站文章選出收錄在本書的作品」和「邀請作者針對特定主題撰寫新文章」等事項，一共開了十餘次線上會議。經過多方絞盡腦汁、極盡口舌的辯論與評估篩選，才從 800 多篇文章中選出預計收錄在本書的 20 多篇主題。由於篇幅有限，無論怎麼挑選，總有許多難以割捨的遺珠之憾，像是網站既有的幾位老牌作者，就因作品與本次出書的主題不符而未獲收錄。又或者，考量到某些文章寫作的時間較久遠，作者也早已離開荷蘭，我們選擇邀請位於荷蘭的新作者撰寫嶄新的文章。在聯絡與邀稿階段，同樣可能遇到失聯、作者無暇更新資料或撰文費時／修改不易等情況，使得出書小組必須放棄該主題，或者邀請其他作者撰稿。因而，如果荷事生非的老讀者、新讀者，發現你感興趣的文章或作者沒出現在本書，還請多多包涵。

無論修改舊文章或撰寫新文章，出書小組都依循荷事生非既有的傳統——每篇文章，都至少有一位編輯與作者討論、修改、潤飾與校對文句，某些文章甚至獲得兩位以上的編輯與作者協力完成。此外，我們很開心邀請到幾位元老級作者與編輯「重出江湖」，讓最初催生、孕育出荷事生非網站，陪不少作者走過當年的資深編輯們，亦可以在本書留下印記。即便許多人早已隱遁山林或返臺多年，在訊息或信件往返的當下，過往的時光依舊歷歷在目，令人懷念。

　　本身是荷蘭迷或眼尖的讀者可能會發現，擔綱本書開場 Opening 的作者：Nakao Eki Pacidal，也是 2011 年前衛出版《新荷蘭學：荷蘭強大幸福的 16 個理由》之首篇文章：〈低地國時光旅行團：邁向復活的旅程〉的作者。這回，定居荷蘭多年的 Nakao 應邀，以荷蘭人數百年來與水相處的歷史為主軸貢獻一篇長文，不僅串起荷蘭的過去與現在，也串起臺灣青年向社會大眾介紹荷蘭的熱忱與赤子之心。

　　最後，如果你對荷蘭有興趣，歡迎時刻關注「Oranje Express 荷事生非」臉書粉專與「荷事生非 Oranje Express」網站。再次謝謝大家翻開這本書，期待我們精選的每一篇文章都能勾起你對於荷蘭的一絲好奇、一點想念或是一心嚮往。

CONTENTS

推薦序	人生「荷處」不相逢╱陳欣新	13
	我們播種，風自帶路╱Ying C. 陳穎	16
	一本知識移民社群的探索精選集╱Olivia 董芸安	19
總序言	臺荷相遇四百年之後	23

Opening

	陸獅與水狼之間：一段低地國治水簡史╱Nakao Eki Pacidal	29

Chapter 1 轉型

01	騎出人本交通的康莊大道╱李沛恩	46
02	安居，可負擔住宅的百年追求╱李沛恩	57
03	「荷蘭矽谷」埃因霍芬（Eindhoven）╱廖珮馨	70
04	「荷蘭病」會好嗎？╱陳亮宇	77

Chapter 2 社會

01 在合法與非法之間的荷蘭大麻／董芸安 & 劉宜芳　　92
02 信任・戒癮之家陪伴成癮者的最後一哩路／詹惠雅　　101
03 大象、貝兒與天鵝——德瓦倫紅燈區的多元樣貌／顏依涵　　108
04 文創，回歸在生活／黃又嘉　　121
05 南狂歡、北牧原，荷蘭也會戰南北／陳玫妏　　128
06 妥協的藝術——協和式民主作為一種借鏡／宋致誠　　135
07 少一點！種族仍然是禁忌／郭騰傑　　142
08 不好說，荷蘭同志運動人士的真心話／許涵　　148
09 兩難，職業婦女選孩子還是選工作／台客J　　153
10 咖啡是最重要的小事——荷蘭職場文化／余柔璇　　159
11 運動即日常——植入ＤＮＡ的運動文化／詹宜樺　　168

Chapter 3 永續

01 不仰賴政府補貼的塑膠包裝回收模式／楊爾文　　178
02 牛糞做衣服？荷蘭綠色時尚發展／吳婧儀　　184
03 零剩食之路，串聯每一個人／林育瑄　　191
04 風車，與風對話的建築／林宓　　201
05 不再擁有——托馬斯・勞的循環設計思維／張芸翠　　211
06 居家辦公兩相宜，水上建築百百種／林宜萱　　220
07 減碳減碳，荷蘭也煩惱淨零／賴慧玲　　230

結語・歡迎與我們一起「荷事生非」　　247
作者・編輯群簡介　　250

Opening

陸獅與水狼之間：一段低地國治水簡史

Nakao Eki Pacidal

填海造陸、與水爭地是我們對荷蘭的印象，這種說法的背後隱含著對荷蘭人人定勝天思想的預設。但本文卻告訴我們，荷蘭人其實一開始不太情願治水，且其中充滿了八點檔戲劇般的複雜政治拉扯和個人願望的落空和遺憾。她從三位視治水為天命的荷蘭人的抱負談起，探討了荷蘭這片低地國家在歷史上的人與環境互動，特別是治水工程在歷史發展中的重要角色。以非政治力量更迭的視角，闡述荷蘭人如何在河流與大海之間討生活，藉由築堤墾地、淤田工程來改造自然環境，從而形成今日的尼德蘭王國。

荷蘭歷史有個常見的敘事版本，概稱 16 世紀末葉，低地居民基於宗教、財務等多重原因，在奧倫治親王威廉（Willem van Oranje, 1533-1584）領導下起兵造反，經過 80 年艱苦戰爭，最終贏得宗教自由與政治獨立。這樣的敘事簡明扼要，主要基於現代國家的歷史觀，但未見得反映這片土地過往深度。今天我們不妨換個角度，不以政治力量更迭變遷為主軸，更多著眼於人與環境的互動，重新審視這片面積比臺灣略大，大半是低窪平地，以共和建國，最後卻變成王國的奇怪國度。
(註1)

進入正題之前，必須先澄清「荷蘭」這名字。我們通常以「荷蘭」指涉的當代國家，正式名稱是尼德蘭王國（Koninkrijk der Nederlanden），本土共有 12 個省分，其中有南荷蘭省（Zuid-Holland）和北荷蘭省（Noord-Holland）冠有荷蘭之名。荷蘭作為省分，歷史可以上溯到 1579 年，當時原本臣屬西班牙王國的海爾德公國、荷蘭伯國、齊蘭伯國、烏特勒支領地、活羅寧恩領地、菲仕蘭領地、上埃索領地公然叛變，成立低地七省聯合共和國（Republiek der Zeven Verenigde Nederlanden），不過兩年後才以後世俗稱獨立宣言的《誓絕法案》正式擺脫中世紀采邑制度。以下為求敘事精確並避免混淆，我們以尼德蘭指稱當代國家，荷蘭則指歷史上的荷蘭伯國，或 1579 年以來的荷蘭省（請留意其上層國家結構會與時變遷）。

今天的尼德蘭地圖狀似一個向東跑步的立獅，胸頸以下被河流三角洲盤踞，這低窪地區稱為萊茵－馬斯－須德三角洲（Rijn-Maas-Scheldedelta）。馬斯河由南向北流貫林堡省（Limburg），在海德蘭省南部與瓦爾河（萊茵河在尼德蘭境內的名稱）匯流，形成一片錯綜複雜的網狀水道，由東向西涵蓋海德蘭省（Gelderland）、烏特勒支省（Utrecht）、兩荷蘭省，以及更北方的佛列佛蘭省（Flevoland）和上

埃索省（Overijssel）。此外還有源於法國的須德河，流經比利時後進入齊蘭省（Zeeland），將齊蘭切割成數個島嶼，彼此間以陸橋相連。

此地居民自古以來就在河流與大海之間討生活，築堤墾地至少已有千年歷史，淤田工程則始於12世紀[註2]，治水成就早為舉世公認，但從過往歷史看來，人定不見得總能勝天，滄海桑田才是不易至理。這話題很長，不單純是治水知識與技術問題，更牽涉歐洲史上重要政治發展，在接下來的文章當中，我們以治水來介說尼德蘭歷史，也以歷史發展來解釋治水之成與不成。我們從17世紀荷蘭省東南緣的一座城市敘起，讀者透過幾名歷史人物的手眼（書寫或繪畫）認識荷蘭的自然與人文環境，和治水的政治困難。有了這樣的基本認識之後，我們再談荷蘭史上幾個著名的水利工程師和他們奉獻終生的治水計畫。

變遷古城多德雷赫

1623年5月，一名蓄著漂亮山羊鬍子的高貴紳士來到五水環繞的古城多德雷赫（Dordrecht）。不久後市民聽說此人是律師卡茨（Jacob Cats, 1577-1660），出身齊蘭，曾在海牙執業，大膽為一名被控行使巫術之人辯護，以此博得名聲和讚譽。他婚後在齊蘭鄉間務農兼寫作，日子過得很愜意，孰料禍從天降。1621年，低地七省聯合共和國與西班牙的12年停火協議屆滿失效，戰火重燃，荷蘭人潰決海堤，水淹西班牙大軍，卻也淹沒卡茨的良田。他被迫離家，倒獲得參政機會，出任多德雷赫城市諮議，後來又出任荷蘭大議長，堪稱荷蘭乃至於整個低地共和國最有權勢的官員。不過造就他歷史名聲的並非政治成就，而是他在多德雷赫期間創作結成的詩集。他的詩歌，例如「猴子戴著金戒指，依舊是個醜東西」，多半帶有道德勸說意涵，在喀爾文教派

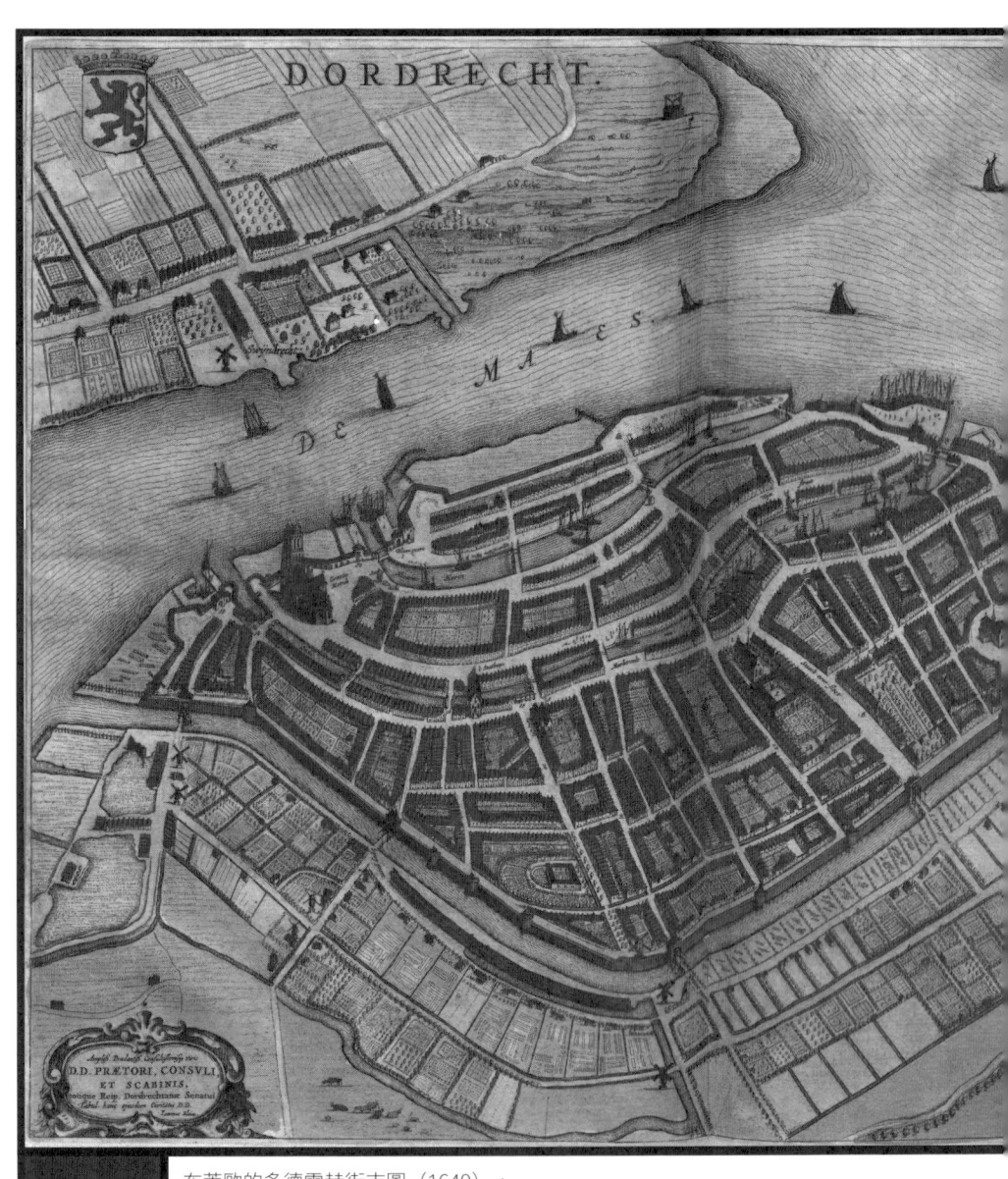

PHOTO 1 布萊歐的多德雷赫街市圖（1649），可見環城城牆和西北角的大教堂，城南都是新淤土地。
地圖現藏於多德雷赫城市檔案館。

為主的低地國盛行長達兩個多世紀,普通人家中架上往往只有兩本書,一本是《聖經》,另一本就是《卡茨詩集》。

卡茨在多德雷赫住了 13 年,直到他前往海牙出任荷蘭大議長。這 13 年裡,他見證多德雷赫淤田工程收效,城牆外多了新農田、磨坊、碼頭和製索廠,一片興盛榮景。這一點可以證諸 1640 年製圖家布萊歐(Joan Blaeu, 1596-1673)繪製的一幅多德雷赫街市圖(圖1),也能從多德雷赫畫家柯伊普(Aelbert Cuyp, 1620-1691)一幅 17 世紀中葉素描(圖2)窺知。

柯伊普素描(ca.1647-48),畫面中央是今日依舊矗立的多德雷赫大教堂,
以此為基礎可推知作畫地點可能在多德雷赫西北方,
以馬斯河相隔的城市茲范德雷赫(Zwijndrecht),或者就在馬斯河上。
畫作現藏於美國紐約大都會博物館。

然而，多德雷赫並不總是如此。在卡茨之前兩個世紀，多德雷赫甚至並非島嶼。

1421 年 11 月 19 日，一場風暴襲擊北海，潰決海堤，淹沒齊蘭與荷蘭大片土地。這史上有名的聖伊莉莎白大洪水（Sint-Elisabethsvloed）一夜勾銷 18 座村莊，導致萬人死亡。馬斯河本有一條與須德河相連的支流，也被洪水抹去，自此兩河不再相通。此外，大水淹沒當時荷蘭伯國與布拉邦公國的陸地邊界，形成一條新河流，名為荷蘭水道（當時構成兩國新邊界，今天則是南荷蘭和北布拉邦 [Noord-Brabant] 省界），原本緊臨布拉邦的多德雷赫從此變為島嶼，水路成了出入唯一途徑。

在 1421 年災難性的大水當下，多德雷赫作為荷蘭最古老的城市，這事實的本身便救了許多性命。所謂最古老的城市，不是指荷蘭境內以此地最早出現大型聚落，而是指它最早獲得法律上的城市權（stadsrechten）——城市自治，有獨立的司法系統，城市公民享有人身自由與遷徙自由，城市有自我防禦權，有商業貿易權，可以鑄幣、徵稅、收取過路費等等，因此而有「城市空氣自由」（Stadslucht maakt vrij）的俗諺。

1220 年，荷蘭伯爵威廉一世賦予多德雷赫城市權利，自此將多德雷赫與荷蘭伯國其他地方區別開來。自治的多德雷赫築起城牆，兩世紀後，當致命

17世紀版畫家霍赫（Romeyn de Hoogh, 1645-1708）的〈聖伊莉莎白大洪水圖〉（1675-77），描繪大洪水之夜多德雷赫附近南荷蘭堤防潰決景象，左上角的漩渦花飾記載44個傳說中被洪水淹沒的村莊，並提到搖籃裡獲救的嬰兒，傳說這就是小孩堤防之名由來。畫作現藏於阿姆斯特丹國家博物館。

大水來襲，城牆就如同穩固的堤防，成功阻擋了洪水，而在城市之外，只有那些及時攀上教堂尖塔的人有望獲救。

荷蘭人從不畏水，「水來土掩」於他們是家常便飯，總在水災過後返家，試圖與水爭地。不過多德雷赫城市居民在大洪水後175年才展開這工作，卡茨來到多德雷赫時，淤田工程進行了不過約半世紀。

且與水爭地是一回事，為了不讓苦心輕易毀於一旦，就整個三角洲提出整體治水規劃才是長久之道。但如此重要的工程，在數百年間始終不曾出現，未見得受限於技術能力，而是政治結構使然。

尼德蘭在中世紀分屬神聖羅馬帝國之下的王國、公國、伯國等。今天我們所知的重要城市，在中世紀分別由其各自統治者獲得城市權。尼德蘭境內最早的城市是位於今天上埃索省的德溫特（Deventer），於西元956年自神聖羅馬帝國東法蘭克王國獲授城市權利，之後則有烏特勒支（1122）、馬斯垂克（Maastricht，1204）、多德雷赫（1220）、奈梅亨（Nijmegen，1230）、阿姆斯特丹（Amsterdam，1300）、鹿特丹（1340）等等。這些城市或競爭或合作，總之維持高度城市自治，到低地七省聯合共和國（1581-1795）的時代依舊如此。在獨立戰爭期間，和贏得獨立之後，乃至於整個低地國的「黃金時代」(註3)，儘管荷蘭省勢力大於其他省分，對共和國政策影響最大，城市依舊是實際權力者，舉凡跨越一定地理邊界的事務，都得由城市諮議代表在省的層次協商，各省之間還要循類似模式折衝，在這樣的情況下，各地很難協調出一個整體的治水方案。1795年，七省聯合共和國舊制廢除，一度被認為是集權式治水計畫出現的契機，實際上則要等到1836年，連續風暴導致洪水肆虐荷蘭省，才讓眾人下定決心，隔年展開一個工程，其規模之浩大，技術之艱難，被今天的工程師們讚譽為「19世紀的三角洲工程」，那就是哈倫湖排乾計畫。

消失的哈倫湖

荷蘭作為一個政治單元，有其長久的歷史，至少可以追溯到11世紀神聖羅馬帝國轄下的荷蘭伯國。這片河流三角洲西部以沙

丘與北海相隔，沙丘以東是廣大的水澤與泥沼，曾經存在的哈倫湖（Haarlemmermeer）就位於今天阿姆斯特丹（Amsterdam）、哈倫（Haarlem）、萊頓（Leiden）之間，是一片寬闊水域。

我們從史料記載知道，哈倫湖在羅馬時代還不是湖泊，而是泥炭沼澤，到了15世紀初，哈倫、萊頓與阿姆斯特丹之間已經演變出幾個大型湖泊。1472年，一個巨型風暴席捲低地，沖走萊頓湖和舊哈倫湖之間一片狹長土地，那土地上有個村莊就此消失，另有兩處就像多德雷赫，水災過後變成島嶼。

泥炭沼澤會變成湖泊且不斷增長，這地區於是贏得水狼之稱。到了16世紀，這個地區所有湖泊間的陸地都被水所吞沒，一個碩大無比的哈倫湖於焉形成，面積超過180平方公里，每當北海興起風暴，掀動湖水，總要在阿姆斯特丹、哈倫和萊頓之間釀成災禍，災情如何全憑天意。

17世紀正值低地國富裕的「黃金時代」，荷蘭省出現「排乾哈倫湖」之議，最早由一傳奇人物阿里安森（Jan Adriaenszoon, 1575-1650）提出。此人是17世紀荷蘭知名水利工程師，大約出於治水熱愛，他給自己改姓列赫瓦特（Leeghwater），意為「將水排乾」。他在1641年出版《哈倫湖書》，主張排乾整個哈倫湖，並計算完成這項工程需要160座風車協力。他的計算是否精確可行暫且不論，總之這計畫之未能付諸實行，主要因為城市立場不一，為顧各自利益無法達成共識。

17世紀的荷蘭省無法治理哈倫湖，如此直到1836年11月，先是一場大型風暴在哈倫湖引發大水，沖向北邊的阿姆斯特丹，一個月後，聖誕節期間，另一場風暴又將大水沖向南邊萊頓，淹沒了萊頓的街道，

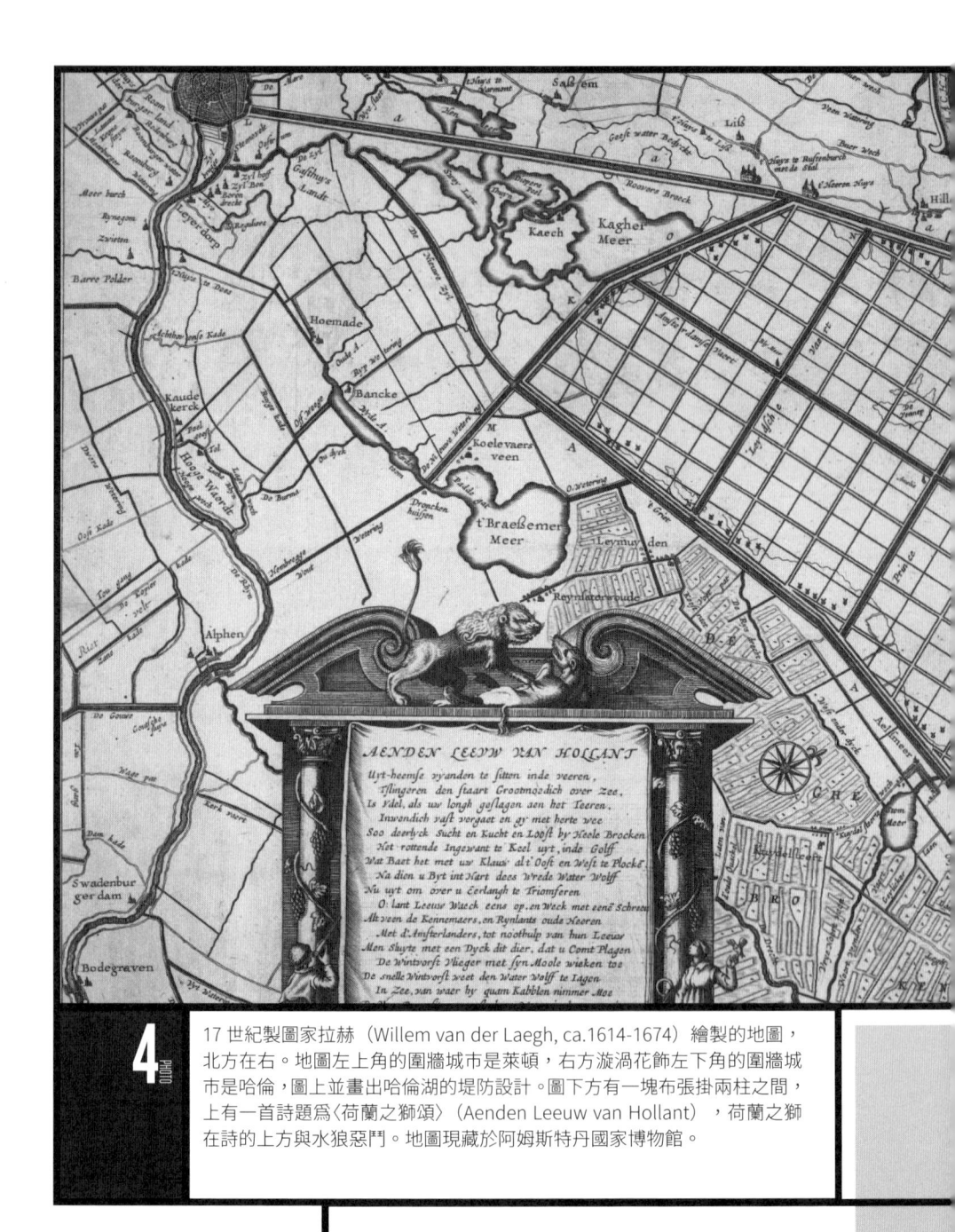

4 17世紀製圖家拉赫（Willem van der Laegh, ca.1614-1674）繪製的地圖，北方在右。地圖左上角的圍牆城市是萊頓，右方漩渦花飾左下角的圍牆城市是哈倫，圖上並畫出哈倫湖的堤防設計。圖下方有一塊布張掛兩柱之間，上有一首詩題為〈荷蘭之獅頌〉（Aenden Leeuw van Hollant），荷蘭之獅在詩的上方與水狼惡鬥。地圖現藏於阿姆斯特丹國家博物館。

排乾哈倫湖的三具引擎分別以三個世紀的三名水利規劃者命名：17世紀的列赫瓦特，18世紀的克魯奇烏斯（Nicholaus Cruquius, 1678-1754）以及19世紀的林登男爵（Frederik Godard Baron van Lynden van Hemmen, 1761-1845），其中以圖中的克魯奇烏斯引擎規模最大，直徑達3.6公尺，是全球最大的蒸氣引擎，一直運作到1932年才退役，改建為克魯奇烏斯博物館。Credit: Hanno Lans/ CC BY 2.0

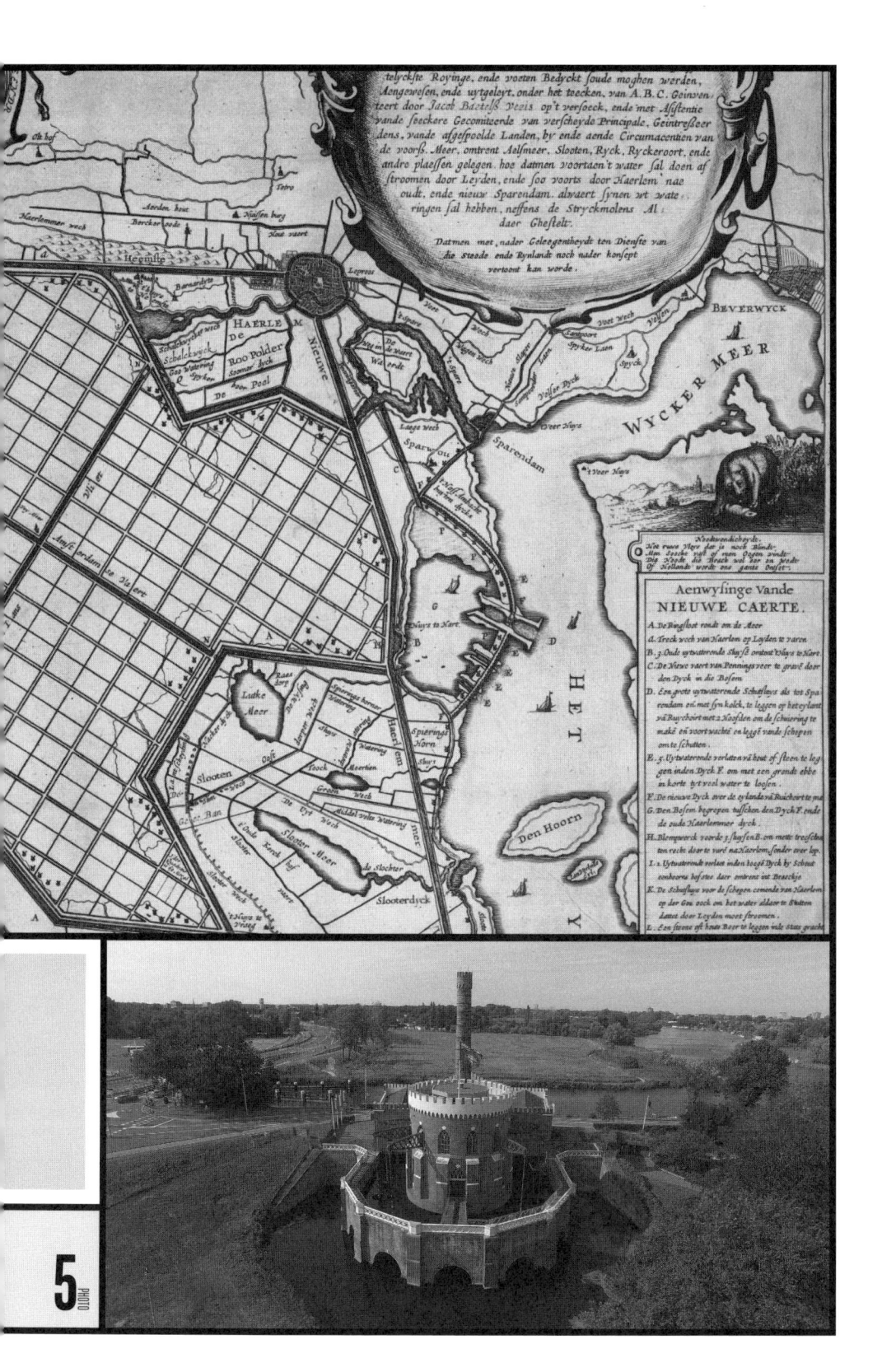

Aenwyſinge Vande NIEUWE CAERTE.

A. De Bingſloot ronde om de Acer
a. Treck weeh van Haerlem op Leyden te varen
B. 3 Oude uytwaterende Sluyß omtrent 't Sluys te Nart.
C. De Nieuwe vaert van Pennings veer te grave door den Dyck in die Boſem
D. Een grote uytwaterende Scheesluys die tot Sparendam ſal met ſyn kolck, te leggen of het eylant va Buychoirt met 2 Hoofden on de ſchuering te make en voortwachte en leggt vande ſchepen om te ſchutten.
E. 3. Uytwaterende vorlaten aft hout of ſteen te leggen inden Dyck F. om met een grondt ebbe in korte tyt veel water te looſen.
F. De nieuwe Dyck over de zylande vã Ruichort te ma
G. Den Boſem begrepen tuſſchen den Dyck F. ende de oude Haerlemmer dyck.
H. Blempwerck voorde 3 ſuysſen B. om mette treeſchute rechte door te varê naHaerlom, ſonder over lop.
I. 2 Uytwaterende voorlaten inden hoogê Dyck by Schout enbeorne beſloten daer ontrent ut Braechje
K. De Scheeflays voor de Schepen comende van Haerlem op der Aeir ooch om het water aldaer te Schutten dattet door Leyden moet ſtroomen.
L. Een ſtenen oft houte Boor te leggen uut ſtats graeht

---

5 PHOTO

隔年國王威廉一世（Willem I, 1772-1843）就指派了一個特別委員會研議如何排乾大湖，委員會所提出的計畫於1839年經國會下議院通過，次年正式展開工程。

要排乾一座大湖，首先得沿著湖泊挖出一條環狀運河，將大湖隔絕開來，使河水不能流入，然後再以機械方式抽出全部湖水。以哈倫湖平均深度四公尺計算，必須排出多達八億公噸的水。1848年計畫付諸實行，自英格蘭引進三座巨大的蒸氣引擎，以每分鐘排水32萬公升的速度日夜不停運作，終於在1852年7月1日排乾大湖，「哈倫湖」作為新興行政區之名而保留下來。

困擾荷蘭人數世紀的「水狼」消失了，然而排乾湖泊的代價堪稱無限大，抽水工作必須永久持續下去，一旦停止，水狼將名符其實「捲土」重來。雖然當代「還地於水」觀念盛行，但將哈倫湖奉還水狼的可能性很低，畢竟如今這裡是尼德蘭最繁華富裕也最重要的地區，這個國家的門戶，阿姆斯特丹史基浦機場，就坐落昔日大湖之上。

萊茵蘭的遺願

1754年2月，在哈倫北方的小村史帕丹，一名76歲的獨居老人過世了。他沒有妻子兒女，只有一名女管家陪伴在旁，他的住處也不是他自己的家，而是他任職的萊茵蘭水利局（Hoogheemraadschap van Rijnland）的物業。他的名字是克魯奇烏斯（Nicholaus Cruquius），通曉土地丈量、地圖、天文、氣象，但最大熱情在於水利工程。他曾受萊頓市長之聘，規劃改善萊頓惡劣的運河水質，提出興建卡特維克排水道（Katwijk Uitwatering）的計畫。此外他還想挖通荷蘭角港（Hoek van Holland）沙丘，建立水道連結鹿特丹與北海。然而有生之年他不曾見到任何一個計畫實現，抱憾離世，葬在史帕丹舊教堂，墓碑上刻著他生前職業，並提到他是荷蘭伯爵威廉二世的後裔[註4]。

哈倫湖排乾計畫在克魯奇烏斯生前極不受歡迎，因為萊頓、哈倫及阿姆斯特丹認為這會危及他們的航運業，都強烈反對。不過哈倫湖到底還是在他過世後98年排乾了。事實上，他夢想中的所有計畫，包括卡特維克排水道和聯通北海與鹿特丹的新水道，都在日後付諸實現。

卡特維克排水道工程始於1804年，是以人力、鏟子和推車完成的艱苦工作。開工當時，低地七省聯合共和國已成法國占領下的巴達維亞共和國，1807年竣工時，巴達維亞共和國又已經變成荷蘭王國，統治者是法蘭西皇帝拿破崙的弟弟路易（Louis Bonaparte, 1778-1864）。卡特維克排水道在新國王見證下啟用，雖說這王國只存在四年就被法蘭西帝國兼併，國王逃之夭夭，去依附奧地利皇帝。

那之後又過了半個世紀，1863年，鹿特丹港淤塞嚴重，新水道終於動工，1872年完工時，克魯奇烏斯離世已有118年，但這龐大工程計畫使用的大體上還是他1731年提出的設計。此時這片土地上的國家叫做尼德蘭王國，已經展開憲政改革，正在邁向民主，但隔年才真正落實1863年通過，廢除奴隸的《解放法》，也還要再花上一個多世紀，才會開始反省「黃金年代」的殖民歷史觀。

從西元前最早的土堤，到哈倫湖淤田和鹿特丹新水道，兩千年來這片土地上有過許多政治變遷，不變的是此地居民必須與水共生的現實。此地的每個水利工程師大概也都能在當年的克魯奇烏斯身上看到自己的反應——治水是出於對家園與人群的熱愛，這理想受限於技術

能力,也無法自外於政治利益。有時遠見占了上風,有時智慧被短視近利所阻撓,未見得每個規劃當下都能如意。但自然總會逼迫人們向前,在陸獅與水狼之間謹慎構築一條永續生存之路。

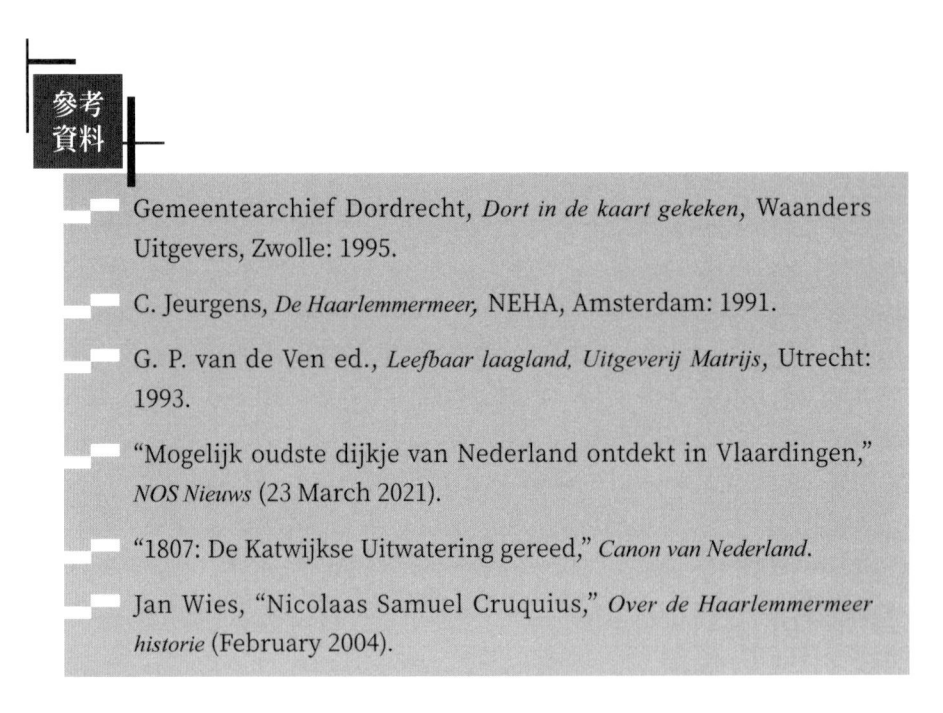

參考資料

Gemeentearchief Dordrecht, *Dort in de kaart gekeken*, Waanders Uitgevers, Zwolle: 1995.

C. Jeurgens, *De Haarlemmermeer,* NEHA, Amsterdam: 1991.

G. P. van de Ven ed., *Leefbaar laagland, Uitgeverij Matrijs*, Utrecht: 1993.

"Mogelijk oudste dijkje van Nederland ontdekt in Vlaardingen," *NOS Nieuws* (23 March 2021).

"1807: De Katwijkse Uitwatering gereed," *Canon van Nederland*.

Jan Wies, "Nicolaas Samuel Cruquius," *Over de Haarlemmermeer historie* (February 2004).

註1 關於荷蘭獨立戰爭與建國史,請參照《新荷蘭學》第一章(前衛出版,2011)。

註2 2021年,鹿特丹以西城市弗拉丁恩(Vlaardingen)一處工地挖掘出貌似堤防的土牆結構,年代約在西元前二世紀,可能將尼德蘭境內築堤史回推千年以上。

註3 在相當長的時間裡,「黃金時代」(De Gouden Eeuw)是帶有自豪感的詞彙,現在則因為殖民反省而被打上問號,使用時宜加上「」以免冒犯。

註4 威廉二世即位於1247年,1220年賦予多德雷赫城市權利的威廉一世為其祖父。

轉型篇

Chapter 1

你今天印象中的荷蘭，從前可能不是你想的那樣。20世紀至今，荷蘭許多面向都歷經變遷和轉型，才呈現出今日樣貌。

首先，讀者一定覺得，荷蘭是個自行車友善的國度吧？在遍布全國的自行車路網下，人們幾乎可以騎著單車，去到任何想去的地方，更別提世界上最大的自行車停車場就在荷蘭。然而，荷蘭人並非一直對自行車情有獨鍾。過去一百年的某些時刻，荷蘭城鎮街頭也曾是四輪汽車當道。很驚訝嗎？請跟隨沛恩的腳步，回到1950年代的荷蘭，看看自行車是如何被擠下神壇，又如何重返榮耀？以及，荷蘭人又是怎麼逐步在全國境內打造人本友善的環境，好邁向低碳永續的道路。

除了自行車王國，「社會住宅」應該是荷蘭為人稱道的另一個例子。你曉得荷蘭社宅最初是提供給哪些族群居住的嗎？由誰出錢出力建設？工業革命以來，鄉村人口大量移入城市造成城市居住環境惡化，乃至近年的難民與移民，以及後疫情時代因通貨膨脹導致的住宅難題，荷蘭如何因應？此外，當某些社區被貼上貧民窟和犯罪溫床等負面標籤時，荷蘭又如何藉由國家、非營利組織和承租戶共同努力，逐漸撕去標籤、搖身成為多元共融又極具創意的典範呢？想知道答案，請閱讀沛恩對荷蘭社宅發展的統整與實地考察。

把焦點轉到荷蘭的「智慧城市」，無論飛利浦（Philips）或

近年廣受矚目的艾司摩爾（ASML），他們的老巢都位於荷蘭東南邊的埃因霍芬（Eindhoven）。這裡不僅是荷蘭矽谷（或說荷蘭竹科），更是全球榜上有名的智慧城市。然而，1980年代，這裡也曾因製造業外移與大廠裁員，導致經濟重挫並帶來嚴重的社會問題。珮馨的文章將告訴你，在窮途末路的情況下，埃因霍芬是如何以「三螺旋」（Triple Helix）——產官學的相互合作，逐漸擺脫原先乞丐的身分，搖身一變，成為全地球表面上最有智慧的天才。

延續「智慧」的話題，近年只要討論起半導體、晶片製造與 AI 等科技產業，很常聽到有人質疑「臺灣會不會得荷蘭病？」不過，你知道荷蘭病確切的病徵和原因嗎？亮宇的文章，將帶你回溯荷蘭在二戰後如何打造出社會福利體系國家的樣貌，又是什麼原因使得全國從 1970 年代起得了「荷蘭病」。患病後，荷蘭政府與民間如何改革和努力，才得以在降低失業率、降低依賴社福津貼人口，以及降低政府負債和赤字都表現亮眼。

其實，不僅本篇四章內容，本書其他篇章同樣描繪了荷蘭人與荷蘭社會如何順應自然環境變化，以及歷經政治、經濟、社會與文化等層面的變遷。荷蘭不僅從過去到現在充滿了轉型和改變，從現在到未來也持續在轉變。在轉型過程中，荷蘭人如何展現社會與環境永續的創新，都值得我們觀摩學習。

01

李沛恩

騎出人本交通的康莊大道

　　說到最能代表荷蘭城市的畫面，我想大部分人腦海中浮現出的，應該是大街小巷隨處可見的自行車。無論是颳風下雨，總能見到荷蘭人不畏風雨地踩著二輪馳騁。荷蘭人的日常生活有多倚重自行車呢？根據荷蘭政府的官方資料，荷蘭人口有 1,700 萬人，而自行車居然多達 2,280 萬輛！平均來看，相當於每位荷蘭人有 1.3 輛自行車。

　　為什麼荷蘭人需要一臺以上的自行車？也許，原因要從荷蘭人的通勤習慣說起。荷蘭有著規劃完善、綿密的自行車路網，長達 35,000 公里。自行車不僅是週末的休閒娛樂，更是大多數荷蘭人的通勤首選，以自行車結合透過大眾運輸通勤往來不同城市。因此，一個荷蘭人的上下班路徑可以簡單描寫：早上從家裡出發到火車站是騎一臺自行車 A，抵達車站後把自行車 A 停在停車場，並搭乘火車到另一個城市；下火車再騎另一臺自行車 B 到上班地點，下班後的行程則倒過來——如此，便能解釋為什麼荷蘭人會需要超過一臺以上的自行車。

同時，龐大的使用量也帶動荷蘭整個自行車產業、影響城市規劃發展，例如，在荷蘭第四大城烏特勒支（Utrecht）的火車站便設有全世界最大的地下三層自行車停車場：這座 2018 年完工的自行車停車場可以停放超過 12,500 輛自行車，而且全年無休 24 小時開放，只要民眾持交通卡刷卡進出，便享有 24 小時內免費停車。如此優惠又便利的公共服務吸引每個工作日近一半的旅客騎自行車來火車站，尖峰時段的使用率高達九成。隨著市區內汽機車數量獲得控制，讓烏特勒支火車站前這繁忙交通樞紐的轉乘效率亦得以提升，當然，煩惱不會停止，現在烏特勒支政府開始傷腦筋的是每天早上的自行車塞車問題。

　　但你知道嗎？其實荷蘭人並非一直對自行車情有獨鍾，在城市發展的某些歷史片刻，荷蘭街頭也曾經是四輪汽車當道。那究竟自行車

以自行車通勤的荷蘭年輕人。

圖片來源 Dix, Eric (1950-2021)

是如何被擠下神壇，又是如何重返榮耀？對於那些跨城市移動的通勤族，荷蘭是如何啟動政策無縫接軌從你家大門到大眾運輸之間那最初一哩路及最後一哩路（First-mile and Last-mile Delivery）呢？讓我們先從荷蘭距今半世紀以前說起，深入探索荷蘭政府以落實低碳永續、便利的大眾運輸系統聞名的通勤模式吧！

隨著現代化發展而出現的汽車本位規劃，自行車逐漸失去青睞

有關於荷蘭的交通及城市規劃發展可以回到 1950 年代，當時正處於經濟繁榮期，民眾逐漸有能力購買他們的第一輛汽車，自用汽車數量持續增加，許多人的通勤和出遊習慣也隨之改變。隨著現代化思潮在歐洲興起，荷蘭也努力建設以滿足繁榮與進步的需求。當時的建築師和城市規劃師紛紛配合各地政府的計畫，展開柏油路鋪設、快速道路興建以及高速公路開通，以滿足不斷增長的汽車使用需求。

時間來到 1970 年代，人們逐漸意識到：當市區內的汽車數量越來越多，街道便也不再如以往那樣寧靜舒適。在一幅 1965 年的漫畫中，作者描繪出當時的人們開始擔心太多城市中太多汽車所帶來的麻煩。(註1)這張幻想十年後阿姆斯特丹城市景觀的漫畫，標題寫著：「1975 年，最後的行人……」，而畫中的行人戴著頭盔、手持盾牌，畏懼地穿梭在車水馬龍的街道上。

然而，俗話說「由奢入儉難」，荷蘭人逐漸深陷於開車的便利性無法自拔！與自有汽車所帶來的舒適與方便相比，騎自行車在大家心中變成是一種不得已的選項，尤其是年輕人持續以汽車代步，並享受

汽車帶來的便利。從一份 1964 年的文獻可以看到，當時一位城市規劃師如此評論：「穿著被熨過的嶄新衣服的年輕人被寵壞了，而無法適應雨後充滿泥濘的路面！」

荷蘭人逐漸習慣開車的交通模式，也在 1970 年代大幅地改變了荷蘭的城市地景，更造成了城市郊區化現象（suburbanisation）。也就是說，人們傾向住在離市區更遠的地方，享受獨棟房屋，並早晚開車通勤往返上班地點。根據當時的人口統計，每年有上萬人從阿姆斯特丹市區搬到郊外，這座城市因而需要更多的連接道路。但儘管政府不斷增設、拓寬道路來滿足公眾需求，大家開始發現一個問題：隨著對公路的大量投資又將吸引更多人購車開車，使得更多的汽車把馬路擠得水洩不通，那麼到底要多少公路才能滿足大家的需求？

1972 年阿姆斯特丹街頭的占領街道抗議活動。

圖片來源：荷蘭國家檔案館 Mieremet, Rob / Anefo (CC0)

1980 年阿姆斯特丹，學生在街上以噴漆塗鴉自行車車道標示。

圖片來源 荷蘭國家檔案館 Croes, Rob C. / Anefo (CCO)

阿姆斯特丹街道上孩童與汽車。

圖片來源 阿姆斯特丹檔案館 Busselman, Frans (1927-1993)

1966 年至 1972 年這段時間內，荷蘭國內的交通事故數量達到高峰——平均每年近 3,000 人喪生於交通事故，其中包含約 400 名兒童，也有調查報告顯示老人家和小朋友對於擁擠交通的不安。於是，這個「汽車本位」的城市設計思想開始受到荷蘭居民挑戰，有民眾在城市裡開始發起「市中心禁止開車」、「在街道上保護孩童」為訴求的抗議活動，拉起布條站在馬路中間拒絕讓車輛通行，或是在街道上擺起長椅試圖改變道路的使用方式。另一方面，每天忙碌於設計更多道路的城市規劃師、交通建設的工程師也發現，汽車數量日益增加且沒有趨緩的盡頭，只要更多人們加入以車代步的行列，而再多路和再精良的設計，都滿足不了這些使用者需求，這些汽車最後只會在馬路上從早塞到晚。

1973 年，因石油危機帶來自行車觸底反彈的機會

1973 年，一個轉機出現了，停下以「汽車本位」（car-centric）為核心的發展腳步。這年，全球發生了石油危機，荷蘭被列進石油輸出組織國（OPEC）的禁運名單上，因此國內油價飆漲、幾乎癱瘓了有關汽車的日常生活。大家苦不堪言的同時才意識到：即使擁有汽車的生活再怎麼便利，城市建設都不能只單單押寶其中一項，甚至要改變這樣的想法才能讓各種旅行方式都可以好好發展。這時，大家才重新回想起一個最實在、最健康，且很早以前阿公阿嬤就相當滿意的交通工具——自行車，最重要的一點是，它不再依賴石油！

因此，原本隨著柏油路建設而式微的自行車風潮再度掀起，騎自行車再次被提倡，並成為荷蘭民眾通勤的首選。同時，荷蘭政府也順應民意，改變了原先在交通建設上以汽車為重點的發展目標，在各大城市展開了全世界規模最大的自行車道建築工程，並同時盡全力提供

民眾一個便利的大眾運輸系統做為搭配。造就現今荷蘭龐大的自行車路網，讓民眾可以便利地騎行至火車站轉乘，或者開車到市區外的停車場後換成自行車繼續前往市中心辦公室，這已成為荷蘭人生活中司空見慣的景象。

此外，比起一輛汽車的價格，一臺自行車則是每個人都可以負擔的交通工具，這樣的通勤模式不會讓任何家庭因為公路的開發而受限，搭配著火車等大眾運輸，所有民眾都可以享受到平等的旅行機會。再者，荷蘭人發現城市中的道路擴寬逐漸使得一些歷史空間消失，首先是人行道、再來是漂亮的百年歷史建築。此外，負擔不起車子費用的家庭，無法去較遠的購物中心消費，而大眾運輸和自行車，則恰好可以協助這些家庭降低交通花費、提高生活品質(註2)。

烏特勒支的一段鐵道 Oosterspoorweg 在停止使用後，重新改建成自行車道。

圖片來源：烏特勒支檔案館 (CC BY 4.0)

提姆·維爾蘭（Tim Verlaan），阿姆斯特丹大學城市歷史中心（The Amsterdam Centre for Urban History）的助理教授認為，荷蘭人對於汽車議題的態度，改變了這個國家接下來幾十年的城市空間規劃。與其他在 1970 年代大規模開發以汽車為中心建設的歐洲國家相較之下，荷蘭的街區承載著很多老一輩荷蘭人從小到大的成長記憶，往往有著強大的向心力和認同感，使得大家寧可多走一點路、多騎一點車，也不願意街區的景觀被大條的柏油路切割。

如何讓自行車使用更普及：
BiTiBi 模式補上最初及最後一哩路 (註3)

荷蘭的自行車基礎設施發展成果享譽全球，無論在城市還是鄉村，各地的自行車基礎建設都得到了良好維護，確保騎行交通安全。相關產業也得到健全發展，自行車的種類多樣，從可載貨、載小孩的多功能載貨自行車（Cargo bike）到銀髮友善的電動輔助自行車，每種形式都有其特定的市場，滿足不同需求。在提倡永續的 21 世紀，荷蘭的大眾運輸政策進一步創造低碳運輸的環境，積極設定與聯合國《巴黎協定》、《2030 年永續發展議程》，以及歐盟《綠色新政》（Green New Deal）目標一致之政策，為全球城市樹立了綠色交通的典範。

2014 年，一個由歐盟資助的實驗性計畫「Bike-Train-Bike」（簡稱 BiTiBi）選擇荷蘭作為優先試點國家。BiTiBi 計畫的目的在於提高歐洲城市的宜居性和交通能源效率，顧名思義就是「騎自行車×搭乘火車×騎自行車」的排列組合。以荷蘭作為實驗 BiTiBi 的國家再適合不過了，早在 1990 年代，荷蘭國家鐵路公司（Nederlandse Spoorwegen, NS）的官員就注意到民眾的需求，並從 1999 年開始投資車站周邊的自行車停

阿姆斯特丹街口以載貨自行車接送小孩的家長。

圖片來源：阿姆斯特丹檔案館 Kransberg, Doriann (1949-)

烏特勒支車站附近的共享自行車 OV-Fiets。

圖片來源：烏特勒支檔案館 Notermans, P., fotograaf (CC BY 4.0)

放設施以確保自行車停車位充足，平均每個車站設置 1,000 個自行車停車架。此外，還設置了特殊專用連通道，使旅客可直接從停車場前往車站大廳，甚至在一些無閘門的小站可以直達月臺層。在 2003 年，荷蘭推出的公共自行車 OV-Fiets，如同臺北捷運旁也必備的 Ubike 站點一樣，鼓勵旅客以環保且便捷的方式進行短程移動。

BiTiBi 計畫在歐盟境內不同城市中推行節能高效的無縫運輸，從 2014 年開始實施，至 2020 年檢討成效。根據 BiTiBi 的成果報告，在歐盟境內，火車站平均有 4% 的旅客騎自行車抵達或離開，但相同調查在荷蘭，以自行車抵達、離開火車站的旅客高達 43%，而這個數字持續增長。如果歐洲各國能將火車通勤者使用自行車比例提升至 20%（相當於目前荷蘭的一半），在計算投入相關硬體建設的經費與社會效益之後，投資報酬率將高達 400%。基於這一點，其他歐洲國家也開始效法荷蘭的做法，根據 BiTiBi 網站，目前有意借鏡荷蘭經驗的地區包括英國利物浦、比利時根特和列日、西班牙巴塞隆納，以及義大利的米蘭等城市，這些城市各自提出自家的共享單車、大眾運輸導向（Transit-oriented development，簡稱 TOD）規劃希望借鑑荷蘭的成功經驗，打造出符合自身需求的永續發展大眾運輸模式。

然而，荷蘭的永續自行車腳步並沒有停下。除了通勤，政府更把目標望向「運輸業的最後一哩路」，著手規劃市區內永續物流。隨著疫情所帶來的線上購物業務增長，繁忙的物流業被鼓勵投資使用電動運貨自行車，世界上最大的運輸業者之一 DHL 來到荷蘭都得入境隨俗踩著踏板送貨。荷蘭政府的努力讓物流業逐漸走向綠色轉型，為城市居民降低城市的交通堵塞問題，創造了空氣品質良好、安靜舒適的生活環境，隨著這些政策推進，荷蘭繼續引領下一階段全球在都市交通和物流方面的綠色革命。

凝聚民眾對於未來都市樣貌的期待與共識，終致更永續的荷蘭

石油危機雖然深深打擊當時荷蘭的經濟，但另一方面也促成了交通革新，讓現今荷蘭在市容、城市生活上的好表現，自行車的日常成為國際上對於荷蘭的第一印象，更鞏固了他們邁向永續的信心。

同樣經歷過石油危機，一些國家仍繼續堅持以更多的公路開發來提供便利的交通，例如現今可見美國人民的日常依舊人人以車代步，在一些大眾運輸不發達之處只要無車就如同沒有腳一樣不便。荷蘭由於市區街區多半較為密集，假如建造大量汽車通行的道路將破壞原有的古老建築與城市樣貌。在這些傾向維護舊城區景觀的民眾大力支持下，市政的交通規劃漸漸向「人本、自行車專用」的概念靠攏，進而造成 50 年後在城市建設上完全不一樣的發展。

如今，大部分來到荷蘭的觀光客在市區沿著運河散步時，無一不讚嘆這裡的自行車道以及景色宜人的街區。在驚嘆的同時，需要敬佩荷蘭人的是他們對於守護城市紋理的決心，以及在寒風中堅持踩著二輪的毅力。

註1　Petri, Jan. 1965. "Hoog Catharijne," *Stedebouw en Volkshuisvesting [Urban Planning and Social Housing]*, Vol. 45, no. 5, p. 155.

註2　Verlaan, T. (2021). "Mobilization of the Masses: Dutch Planners, Local Politics, and the Threat of the Motor Age 1960-1980." *Journal of Urban History*, Vol. 47, No. 1, pp. 136-156.

註3　最後一哩路（Last Mile）指的就是從你家大門到大眾運輸之間的那一點距離。

02

李沛恩

安居,可負擔住宅的百年追求

當你漫步在荷蘭的運河邊,沿著水道欣賞城鎮美景的同時,是否好奇過這些宜居城市背後的生活成本?答案的一部分藏在他們的社會住宅政策裡。自 20 世紀初以來,荷蘭政府一直致力於提供好品質且可負擔的住宅(affordable housing),社會住宅政策是其城市宜居的關鍵因素之一。此外,大多數的社會住宅和普通住宅之間的差別幾乎難以辨別,這反映了荷蘭致力於社會公平和包容的理念,確保所有居民無論經濟狀況如何,都能享有高品質的居住環境。

社會關懷的改革力量:
教會及慈善家作為社會住宅推動先鋒

19 世紀中葉,隨著工業革命發展,如同其他迅速發展的歐洲城市,荷蘭農村人口湧入城市尋找工作,導致城市居住需求急遽上升。多數

七小街街景。　　　烏特勒支檔案館 Alff, J.P. van, fotograaf (CC BY 4.0)

弱勢移工居住環境惡劣、衛生條件差、疾病傳播等問題成為社會矛盾的焦點。此時，荷蘭開始出現一批關注居住問題的社會改革者與慈善家，呼籲政府介入改善工人階級的生活條件。其中，有些工人社區獲得來自教會的經濟支持，例如烏特勒支（Utrecht）市中心被保留完整的七小街（Zeven Steegjes）工人住宅，羅馬天主教教會在獲得 De Boog 啤酒廠老闆留下的土地遺產之後，在該啤酒廠後面建造的簡易住宅，提供給窮困的教友和工人家庭，這個住宅區附近還有一家雪茄工廠和製糖工廠。儘管簡易住宅的空間狹小，沒有私人衛浴或廚房，但遵循當時政府對於城市規劃的新規定：巷道必須筆直，讓空氣流通以避免疾病的傳播。

有些工人住宅，則由富裕的資本家慷慨捐贈興建。位於恩克赫伊曾（Enkhuizen）的斯諾克‧范‧盧森公園（Snouck van Loosenpark）社區，就是典型例子。這個社區綠蔭錯落，幾座小屋佇立其中，初次到訪的旅客，可能會誤以為它是一片漂亮公園裡的高級住宅。事實上，這個社區是荷蘭最早的社會住宅案例之一。最初，當地富有的慈善家瑪麗亞‧斯諾克‧范‧盧森（Maria Margaretha Snouck van Loosen）捐贈了這片土地。瑪麗亞來自富裕的貿易家族，對改善工人生活條件充滿熱情，且決定將家族遺產的一部分成立基金會，用來改善當地工人的居住條件。基金會在 1895 年興建了斯諾克‧范‧盧森公園社區，包括 50 個住宅單元，每間房屋有前後花園，並設置當時先進的汙水系統，

Snouck van Loosenpark 社區一隅。

圖片來源：李沛恩

每戶設有自家私人廁所。不過入住社區的租客亦得遵守許多由基金會訂下的規矩,以保持資本家眼中「紀律良好的工人階級形象」,例如不可在社區街道飲酒,否則將被要求搬離。

1901 年,荷蘭政府通過《住宅法》(Woningwet),這部法律為荷蘭社會住宅的發展奠定法律基礎,更象徵著政府正式介入社會住宅建設。該法規定了住宅建設的標準,並允許地方政府和非營利組織參與興建和管理社會住宅;隨著《住宅法》實施,荷蘭出現大量的住宅協會(Woningbouwverenigingen),這些住宅協會以「不以營利為優先或唯一目的」為組織準則,負責規劃、興建和管理社會住宅,致力為社會提供更多可負擔住宅,成為荷蘭社會住宅體系的重要支柱。

在阿姆斯特丹,建於 1919 年的船型公寓(Het Schip)是當地著名的社會住宅案例,由住房協會 Eigen Haard 委託阿姆斯特丹學派的創始建築師 Michel de Klerk 設計。這座船型公寓因外觀造型如一艘船而得名,其紅磚結構是「阿姆斯特丹學派」建築風格的代表。這座公寓提供了 102 個可負擔住宅單元,專為工人階級家庭設計。社區內還包括學校、浴室和郵局等設施,整體設計強調公共空間的使用。建築

船型公寓轉型成博物館之後,重現原先社宅家戶的室內樣貌。

圖片來源 李沛恩

群中設有庭院和綠地，為居民提供了休閒和社交的場所。如今，船型公寓的一部分被改造成博物館，吸引了大量遊客和建築愛好者，成為瞭解當地建築和社會住宅發展的重要窗口。

戰後的轉捩點：
從社會住宅的蓬勃發展到撕去標籤的轉型之路

二戰結束後，荷蘭面臨著巨大的住宅短缺和重建需求，特別是在被轟炸嚴重的城市如鹿特丹。此時，荷蘭政府轉而在住宅政策上扮演主導角色，以政府資金（通常是貸款和補貼）和土地撥用支持各地住房協會的社會住宅建設，並成立了專門的住宅協會監管機構，如中央住房基金（Centraal Fonds Volkshuisvesting，現住房協會管理局），確保了住房協會所推動的各項建設順利進行。於是，住宅協會的數量和影響力顯著增加，相關產業也蓬勃發展，到 1960 年代末，荷蘭各地有超過 1,000 個活躍的住宅協會。根據荷蘭中央統計局（CBS）的歷史數據：1960 年代，荷蘭每年平均建設約 80,000 套新住宅，其中很大一部分是社會住宅，到 1967 年，社會住宅已經占了荷蘭總住宅數量的 30%，這讓「社會住宅」再也不是僅限於低收入家戶的福利，逐漸擴大服務更多元的社會弱勢族群。新建的社會住宅大多配有現代化的廚房和衛浴設備，社區內也開始增加公共設施，如活動中心、綠地和兒童遊樂場。這些措施大幅提高了居民的生活品質、促進了社會的整體發展，成為了荷蘭城市規劃和社會政策的重要里程碑。

在阿姆斯特丹郊外，為了提供大量現代化住房並緩解市區內的人口增長壓力，拜爾美米爾社區（Bijlmermeer）應運而生。這個大型社會住宅區位於阿姆斯特丹東南部，建造於 20 世紀 60 年代末至 70 年代

初期。該社區由建築師齊格飛・納蘇斯（Siegfried Nassuth）操刀，設計理念借鑒法國建築師柯比意（Le Corbusier）的現代主義理念。整個社區由高層公寓大樓組成，社區內汽車交通則通過高架道路進行分流，設有獨立的自行車道和人行道。社區內的高層公寓因其六角形布局，被冠上一「蜂巢」的暱稱。這些建築物以 Y 字形排列，彼此間隔一定距離，確保每棟樓都有良好的採光和通風。社區內設有完善的公共設施，包括學校、商店、醫療中心和運動場地，旨在提供自給自足的生活環境。

雖然拜爾美米爾社區的設計理念先進，但在實際營運階段面臨許多挑戰，且與其他歐美國家社會住宅面臨的困難有許多相似之處。首先，大量體高層住宅的維護成本高，由於資金有限和管理不善，社區基礎設施缺乏維護，常導致公共設施老化和破損。隨著一些經濟條件較好的居民搬離，社區的居民組成逐漸趨向經濟弱勢集中，進一步加劇維護管理的困難。在 1970 和 1980 年代，拜爾美米爾社區的犯罪率顯著上升，尤其是毒品問題日益嚴重。高犯罪率降低了居民的安全感，導致居民間的疏離感增加、缺乏社區凝聚力，種種問題使得社區被貼上貧民窟和犯罪溫床等負面標籤。直至 20 世紀末，阿姆斯特丹市政府啟動了拜爾美米爾社區重建計畫：包括 1. 拆除部分高層公寓，降低建築密度，2. 增加低層住宅和綠地，以改善居民的居住環境。如今，重建後的拜爾美米爾社區注重現代化硬體建設，包括社區中心、商業設施和文化場所，也在這些空間舉辦相關活動，提供豐富的社區交流活動。這些措施不僅改善了居民的生活環境，也重塑了社區的形象，使拜爾美米爾社區逐步擺脫過去枷鎖，蛻變為充滿活力和凝聚力的現代化社區。

1971年，拜爾美米爾社區的空拍照片，清楚地呈現蜂巢型的社區規劃。

圖片來源：阿姆斯特丹檔案館

從早年拜爾美米爾社區的照片可以看出現代化高樓層、大片綠地的建築設計。

圖片來源：阿姆斯特丹檔案館

Chapter 1 轉型篇

63

歐洲難民危機與疫後時代：
難民及移民潮帶來的住宅難題

　　隨著全球政治、經濟和環境的變遷，作為歷來擁抱多元文化和移民的國家，荷蘭接納了大批來自不同國家的移民和難民，他們的居住需求成為社會住宅的重要部分。其中，部分地方政府制定政策，為難民提供住宅優先權，鼓勵住房協會配合以順利接收和安置難民。許多社會住宅社區因匯集了來自不同背景的居民，住宅協會安排管理人員辦理各種活動以促進文化交流和理解。儘管政府和住宅協會需要迅速調整住宅政策，增加社會住宅供應，並確保這些住宅符合防疫要求，住宅短缺與競爭仍持續增加，給政府和住房協會帶來巨大壓力，更容易造成本地居民、新移民之間的摩擦。

　　在烏特勒支市郊，Place2BU 社區是 2018 年竣工的臨時性社會住宅，共有 490 間套房（studio apartment），每間面積約為 6.3 坪。為什麼會強調「臨時性」社會住宅呢？因為這數棟社宅是由貨櫃搭起的「貨櫃公寓」，據住房協會的目前規劃，這些貨櫃屋的使用期限只到 2028 年，畢竟它們是暫時騰出空間安置難民、有緊急居住需求個案的折衷方案。建築師為這些四四方方的貨櫃屋立面設計斜屋頂的造型，外觀是貨櫃的鐵皮材質，但視覺上更接近溫馨的住所。Place2BU 社區的租戶以難民、新移民及需要居住協助的年輕人為主，強調其包容性，聚集來自不同背景的人，協助部分居民融入荷蘭社會。這裡由兩個住房協會及數個關注社會弱勢的非營利組織共同合作，社區有公共空間可以舉辦社區共餐和語言交流等活動。

　　那天當我拜訪 Place2BU 社區，在公共空間遇到一位租客，看上去

大概二十多歲的女生。她好奇我是不是「來這裡吃早餐」，並告訴我社宅的公共食堂每週三、五都會供應早餐，一頓早餐只要 1.5 歐元（約 50 元臺幣）。由於透過與附近農家的合作取得新鮮的便宜食材，社宅食堂得以供應價格低廉的早餐，吸引社區居民來此用餐，並藉機產生社區互動。此外，公共食堂吧臺的廚師、服務人員，以及公共洗衣間、梯間掃除等公共服務都開放社宅居民應徵，為租客提供一些打零工的機會。可惜這天餐廳臨時出狀況沒辦法營業，那個女生很失望，但她還是陪我聊了一下這個社區。她說貨櫃屋前後只花了一年完工，因為蓋得匆促，很多細節讓租客不怎麼滿意，有時漏水、網路不穩。夏日熱浪來的時候，貨櫃屋的室內高溫讓大家都火氣很大。一個月的房租

在 Place2BU 社區內的 Skaeve Huse 貨櫃屋自成一區。

李沛恩

圖片來源

是 500-600 歐元，扣掉房屋補助大概是 300-400 歐元。

如果說社會住宅是荷蘭社會安全網的一環，那麼這個網子的最後一層便是「Skaeve Huse」。Skaeve Huse 的概念來自丹麥，意思是「替有特殊需求族群提供的特殊房屋」，有著獨立出入口的單層貨櫃屋，外觀簡單，屋裡設有一套臥室、衛浴設備和廚房等。這種社宅的入住者被描述為：「在鄰居眼中是個不遵守社會秩序的人、在社工眼中他們陷入困境，而對於住房協會來說，他們是個麻煩」。這些租客被轉介來此租屋，通常是因為其本身的精神疾病、藥物成癮等問題，導致被認為缺乏社交能力、無法與人共處。貨櫃屋周圍設置圍籬而自成一個社宅中的小社區，在這裡這些人能與他人保持距離、減少外界刺激，但又不真的離開社群。住房協會聘請有社工背景的工作人員協助管理，包含日常訪視、連結社福資源，希望能藉此輔導這些入住 Skaeve Huse 的居民，最終回歸鄰里生活。

與時俱進的社宅出租機制：與 NGO 合作發展租賃新型態建立更包容的居住生活

當我在社區內拿手機想拍下貨櫃屋建築時，馬上有路過的居民伯伯關切、問我來這裡做什麼，尤其對我拍照的舉動保持警戒。我趕緊表示我只拍了建築外觀、沒有拍到任何人。Place2BU 社區的社區經理彼得（Peter）帶我參觀時，解釋說前陣子曾有荷蘭媒體進來參訪，結果跟居民發生衝突，一方面是住在這裡的人，基於一些社會處境，很敏感地拒絕自己的照片被曝光在任何媒體平臺上。另一方面，他們也不喜歡外人來這裡「窺探社宅生活」，讓人感覺很像動物園內的動物。

儘管荷蘭大多社宅與普通住宅無異，但有著特殊定位及外觀的 Place2BU 社區，卻浮現出被鄰里議論的標籤化問題，尤其是社宅周遭的部分住戶擔心，社宅居民對附近的整體環境和形象帶來負面影響。彼得向我透露，他日常工作之一就是擺平在社區公共空間的喧鬧滋事事件；但有時讓他更無奈的是，那些讓他不得已報警處理的案件中，妨害社區安寧的不是社區居民，而是附近的年輕人以刻板印象認為社宅本身就治安鬆散，因此半夜常來這裡飲酒喧嘩。

為了促進社會融合與支持，彼得服務的住房協會，在另一處不遠的 MIXIT 社宅中進行一項實驗計畫——社宅結合社福資源的生活輔導。具體來說，社宅內三成的住宅單元由幾家非政府組織（NGO）承租，由這些 NGO 擔任社宅二房東，再各自媒合租客入住，並負責追蹤租客的日常生活，持續給予關懷與心理支持，例如：其中一家輔導患有精神疾病的病友重新建立社會連結。當這份租約到期時，NGO 評估租客的身心狀況是否仍需要有人居中輔導，假如租客仍需要關懷，則 NGO 持續以二房東角色給予協助；假如他們認為不再需要介入，便會建議後續由住房協會直接與租客簽約。這一機制賦予了租客重新掌握自己生活的希望和機會，增強了他們重返社會的獨立性。

此外，社區內也安排具社工專業背景的生活輔導員，每天定時探視住戶，讓住戶知道有人在關心他們。一位生活輔導員向我分享，在少數極端案例中，生活輔導員可以在較緊急的狀況下強制入內訪視。聊到一半，恰巧一位居民經過並自我介紹說到，他過去有大約 50 多年的時間在外流浪，來到這個社區住下來後，生活逐漸步上軌道，也滿意現在的生活。

除了安置特殊群體的居民，這處社宅另外七成的住宅單元則對外

1 住房協會提供住宅單元

2 NGO成為社宅二房東媒合租客入住

由非政府組織（NGO）承租

3 租約到期後，住房協會經NGO評估，直接與租客簽約

住房協會與 NGO 合作機制

招租。住房協會要求每位申請者必須在資料中附上動機信，描述對於社區的想像、是否願意付出時間打理社區公眾事務等。公告發出後，他們收到近 4,000 件申請，並邀請其中 400 位申請者進行一對一的 10 分鐘面試，最終選出合適的人選入住。如預期般，社區居民在入住後開始定期舉辦聚會、活動，像是社區課程、電影之夜；公共空間設置的玩具角，亦時常見到家長帶小朋友前來與玩伴一起玩耍放電。

結語

以荷蘭社宅的發展脈絡來看，從滿足最低生活所需的工人住宅開

始,到公私部門協力投入社宅興建,以協助經濟弱勢家戶獲得棲身之所,再到現今有更多銀髮長者、身心障礙友善的多元社宅出現,顯示荷蘭住宅政策隨著時間推移不斷進步,回應著持續變動的社會需求。Skaeve Huse 的出現,也顯示荷蘭透過多樣及包容的住宅政策接住每個需要幫助的人,確保民眾無論其背景如何,都享有安全、穩定的生活環境。

回頭看看臺灣的社會住宅發展,雖然起步較晚、目前還在拚數量的階段,卻也能在大多社宅內看到對於品質的重視,例如邀請社福單位進駐、以青年創新回饋計畫推動社區營造、社宅公共藝術等。期許未來,臺灣也能在社會住宅的數量和分布上取得更大突破,實現人人安居樂業的願景。

03

廖珮馨

「荷蘭矽谷」埃因霍芬（Eindhoven）

　　小國生存之道，通常在於有限資源的整合與分配，即便是早已坐穩歐洲進出口大國的荷蘭也不例外。如果就國家有計畫性的推動以及城市所在的區域產業特質而言，荷蘭至少有三個著名的「港」：阿姆斯特丹的航空港（Airport）、鹿特丹的海港（Seaport），以及埃因霍芬（Eindhoven）的智慧港（Brainport）。前兩者對大家來說可能比較不陌生，但哪裡是埃因霍芬？智慧港又是什麼？你知道這天才智慧城市也曾淪落為乞丐嗎？就聽我娓娓道來。

埃因霍芬在哪？搞什麼？

　　埃因霍芬是荷蘭南部省分：北布拉邦（Noord-Brabant）最大的城市（人口約 22 萬），距離阿姆斯特丹一個半小時的車程。所謂的智慧港，指的是以埃因霍芬為中心與周圍 21 個城鎮組成的大區域，聚焦產

業領域包括：高科技系統和材料、食品加工、汽車/智慧交通、醫療儀器、太陽能技術及設計等等。

埃因霍芬之於荷蘭，就像新竹之於臺灣。他既是百年電器品牌飛利浦（Philips）的故鄉，也是與台積電（TSMC）關係密切的艾司摩爾（ASML）的老巢所在，目前進駐了許多高科技產業，地位等同「荷蘭矽谷」。此外，埃因霍芬更在 2011 年被國際組織「智慧城市論壇」（Intelligent Community Forum, ICF）評選為「全球最智慧的區域」；此區平均每一萬人就擁有 22.6 個專利，密度堪稱世界第一，因而獲得「地表上最聰明城市」的封號；全荷蘭 36% 私人企業研究開銷都砸於此；240 億歐元的 GDP 產值、550 億歐元的出口量，占荷蘭總體經濟的四分之一[註1]，更是數十年前無人能想像得到的奇蹟。

不過，如此天才的智慧城市，可是歷經過一番產業外移與轉型的腥風血雨，上演過窮途末路、團結是力量的乞丐戲碼，才能交出目前如此亮眼的成績單。接著，就來聊聊這段絕地大重生的故事。

自己的城市自己救

時間回到 1980 年代，當時的埃因霍芬受到全球化的衝擊。當最重要的大廠——飛利浦，將其製造業外移到成本較低的國家後，3 萬多個工作機會在兩年內全數蒸發（飛利浦曾為城市創造 11.5 萬個工作）；再加上另外一家卡車大廠 DAF 的企業重組，必須裁員 5 千名，更是雪上加霜，造成埃因霍芬的經濟重挫，並帶來嚴重的社會問題。故事發展至此，不得不讓人想起美國通用汽車（General Motors, GM）的大本營——鬼城底特律（Detroit）[註2]。

還好埃因霍芬沒走上一樣的路子，前市長羅布・范海澤爾（Rob van Gijzel）回憶著：到了 90 年代，沒有人知道該怎麼面對如此重大的危機，只能向全體市民「集思」與「集資」（早就形成的群眾募資 [crowdsourcing] 概念）。由當時的地方首長萊恩・威爾遜（Rein Welschen），找來埃因霍芬科技大學（Eindhoven University of Technology, TU/e）執行首長亨克・德威爾特（Henk de Wilt）和商會（the Chamber of Commerce）主席提奧・赫克斯（Theo Hurks）研擬成立獨立委員會，向每位市民募資 10 荷盾（註3）後，再由委員會統整運作，並歡迎大家針對「如何改善家園的經濟發展？」提案，只要通過審核即可獲得資金補助。一整個就是「自己的城市自己救」的概念。

埃因霍芬前市長 Rob van Gijzel 對記者侃侃而談城市的興衰過程。　廖珮馨　圖片來源

地方政府出面當媒人事半功倍

當全世界都在談論政府、產業（包括一般民間組織）、學術和研究機構的三方合作，荷蘭人也有他們自豪的「三螺旋理論」（Triple Helix）——荷蘭人的 DNA，是三條螺旋組成。用臺灣人的話來說，就是產、官、學的三方合作。從埃因霍芬 90 年代的翻轉過程中，不難發現他們已摸索出一套方法——由地方政府出面當媒人，串起各方產業和組織的合作。那麼，當個成功的媒人，又得具備哪些條件呢？

第一，不怕人多嘴雜，揪大家一起來唬爛。

以半官方色彩（註4）的「智慧港」口號說起吧！第一次聽到這詞時心想：不過又是個唬爛人、喊喊口號、擺擺樣子的城市行銷主題吧!?但同時也覺得，發起智慧港的專案團隊不同於一般公部門，相當積極主動、不怕事多只怕事少。要不是辦公室組成明確與公部門相關，還真以為他們是私人公關公司。

確實也沒錯，智慧港的目標包括行銷，甚至是招商，畢竟哪個地方政府無不在為這事煩惱？埃因霍芬沒有阿姆斯特丹首都的優勢，也沒有鹿特丹大港的建設，只好以「三個臭皮匠，勝過一個諸葛亮」的概念，找來周圍的鄰居城鎮共謀大業，口徑一致對外宣傳，同時建立起更大的網絡。就像約會／相親網站一樣，得先有足夠的成員才好配對。

第二，營造配對的窩巢。

在飛利浦產業外移後，城市中留下許多廢棄的舊場址得處理，但

危機就是轉機。有的區塊變成校區、商業空間與博物館等等；大範圍的汙染廠 Strijp-S 先是直接以 1 荷盾賣給地方政府，而後又轉型為住商混合的文創區，也是目前眾多新創公司、荷蘭設計週（Dutch Design Week, DDW）的大本營；Strijp-R 廠區也由知名荷蘭設計師皮特・海恩・埃克（Piet Hein Eek）和數個興建中的住宅案進駐；原飛利浦研究園區則改建為埃因霍芬高科技園區（High Tech Campus Eindhoven），走進可見飛利浦、恩智浦半導體（NXP）、英特爾（Intel）、霍斯特研發中心（Holst Centre）等大名，焦點鎖定在高科技、能源、食品安全等領域。

還有，不能忘記當地重要的人才培育中心：埃因霍芬科技大學；本文開頭提到與台積電合作密切的艾司摩爾半導體設備大廠，就坐落在埃因霍芬旁邊的費爾德霍溫（Veldhoven）；位在鄰鎮赫爾蒙德（Helmond）的荷蘭國家汽車工業園區（Automotive Campus），可說是智慧交通發展的重要交流平臺；就連特斯拉（Tesla）也選定鄰近的蒂爾堡（Tilburg）設下歐洲廠區。

由以看來，促進產業鏈的完整，也是地方政府這媒人能說服他人的重要特色。

第三，製造開放式的火花。

所有科技產業都知道，研發過程不但費時耗力、更得砸下大把銀子，偏偏技術更新的速度之快，如果由一家公司全數獨自承擔，往往具有相當大的風險。因此在大埃因霍芬地區推崇著一種叫「開放式創新」（open innovation）的模式，是跨界結合各種資源與利益團體，並將知識分享、利益共享、風險共擔。

舉幾個例子來說明。例如，霍斯特研發中心的商業模式為：各家贊助企業將自身的研發業務以更低廉的方式外包給中心。由於得到多家企業在同一類似科技項目上的贊助，中心得以用更有效率的方式產出研發成果。最後，所有贊助企業得以用「非獨家授權」的方式取得技術的使用權。另一個例子是艾司摩爾，在研發新一代極紫外線（EUV）微影科技時，就請來荷蘭國家級研究機構 TNO（全稱為荷蘭應用科學研究組織，Netherlands Organisation for Applied Scientific Research）、埃因霍芬科技大學、比利時校際微電子研究中心（Interuniversity Microelectronics Centre, IMEC）等共同助陣，因此技冠群雄、縱橫全球的市場。

最後值得介紹的，是城市中的生活實驗室（Living Labs），簡單來說就是把實驗室搬到公共場域的大街上，即便酒吧街也充滿各式各樣收集數據的儀器。例如，街道上安裝 ViNotion 的影像監測系統，不但能辨別人、車，還可記錄移動的方向與路徑，若有任何暴力舉動也全都錄，並發出警訊於預先設定的手機或平臺；Sorama 創新發明的聲音相機（sound camera）也被設置於此，將聲音視覺化，讓治安維護者在 20 公尺內，便可透過手機 APP 看得見「粗暴的聲音」；再來就是透過飛利浦照明設備控制街燈色彩，以便緩和氣血方剛買醉漢的情緒，街燈越是橘黃越是能安定人心。

結語：
務實地開放、合作與互信，是成功逆轉的關鍵

在前述三螺旋（產、官、學）交織，又透過 20 多年的努力下，埃因霍芬逐漸擺脫原先乞丐的身分，搖身一變，成為全地球表面上最有

智慧的天才。或許正如他們自己所說——開放、合作、互信才是成功逆轉的關鍵。

近年來，「智慧」這兩個字被濫用至極，智慧城市、智慧住宅、智慧交通、智慧電器等等，可謂不勝枚舉。當然，這個概念可以是宣傳口號，也可是種創新突破，關鍵在於是否務實地將科技應用在解決生活場域中的問題。從埃因霍芬智慧港區域的多方合作案例可知，荷蘭是個超級務實的國家，因為知道自己很小、資源很有限，所以必須統整合作才能繼續生存下去。這樣的經驗與思維，是值得臺灣中央、地方與不同產業、組織觀摩學習的。

註1　請見：https://www.intelligentcommunity.org/eindhoven。

註2　底特律本為通用汽車製造大本營，整個城市半數以上人口都賴以相關產業為生，剩下服務業中也有多數以這些汽車業工人的消費為主。但歷經 70 年代的石油危機、80 年代不敵日本、歐洲汽車的競爭，紛紛將工廠搬遷至成本較低廉的國家（例如墨西哥）。城市因而面臨空前絕後的問題，至今也已宣布破產。美國知名紀錄片導演 Michael Moore 就曾以《Roger & Me》（1989）探討此事並一炮而紅。

註3　Guilder，加入歐元前的荷蘭貨幣。

註4　這項政策雖然是國家賦予的名稱，但是由地方政府統籌，成員包含有私人企業、NGO、學校、研究機構等，所以算是半公半私。

04

陳亮宇

「荷蘭病」會好嗎？

近幾年，時不時會看到中央銀行、主計處或經濟部的官員回應民間質疑，表示臺灣的經濟與產業發展並未呈現「荷蘭病」現象，也沒有罹患「荷蘭病」的疑慮。收看新聞報導的當下，你是否曾疑惑：欸，這個「荷蘭病」是什麼？為什麼以荷蘭為名呢？

查閱資料以後，我發現坊間已有不少解釋「荷蘭病」定義與由來的文章。不過，卻很少有人能告訴我們，得了此病的荷蘭，是如何痊癒的。這篇文章首先將分享荷蘭自 20 世紀以來，究竟如何得到「荷蘭病」，以及包含哪些症狀。接著，我會討論當時的荷蘭政府開出哪些藥方，民間又如何配合，才逐漸擺脫「荷蘭病」的問題，甚至達成 21 世紀前後的「荷蘭奇蹟」。

荷蘭病的背景之一：邁向福利國家之路而種下的病因

在二戰以前，荷蘭還稱不上所謂的「福利國家」。直到1947年，由社會福利部部長威廉・德雷斯（Willem Drees）推行給65歲以上國民的國家養老津貼，被視為荷蘭朝向現代福利國家的第一步。往後有好一段時間，民眾都還稱呼這位老部長為「老爹德雷斯」（Vadertje Drees）[註1]，以感念他的貢獻。

踏出邁向福利國家的第一步後，荷蘭持續在隨後幾年通過相關立法。例如：1949年規劃失業救助保險制度，1956年的《老人年金法》（Old-age Pension Act, AOW），1959年的《寡婦與孤兒法》（Widows and Orphans Law），1962年，正式將提供給雇員的孩童補貼合法化，1964年引進就業人士強制的醫療保險制度，以及1967年，確立主要的醫療保險制度；1976年，更正式通過立法，將提供給身心障礙人士的基本方案納入體制（且所謂身心障礙或失能的定義，不只涵蓋生理，也包括因工作壓力產生的心理疾病等等）。這項舉措被視為荷蘭作為福利國家的最後一塊拼圖，且提供的津貼額度為上一份工資的80%，可說相當優渥。

同時，為了解決戰後以來高失業率的問題，荷蘭政府藉由工資的導引政策，技術性地壓低勞工薪資的漲幅，以使雇主能雇用更多人。這個政策不僅大幅降低失業率，對1950至1960年代荷蘭戰後經濟的復甦貢獻極大。一批從土耳其與摩洛哥等國家前來的勞動人口，則被以「外籍勞工」之名義雇用，從事許多社會底層的工作，可見此時期的經濟成長需求相當高。

此外還值得一提的是，由於納粹德國在二戰時期的占領，荷蘭婦女並不像美國或英國的女性一樣，會待在工廠支持戰時生產。影響所及，荷蘭戰後的婦女就業率，幾乎是歐洲國家中最低的。甚者，婚姻也常意味著工作合約的終止。直到 1973 年，荷蘭才通過一項立法案，禁止雇主以婚姻或懷孕之理由解雇婦女。於是，不過 20 年光景，荷蘭的社會福利體系，就從原先不起眼的小國，擠進「福利國家」大國之列。像是在 1953 年，荷蘭社會保險支付只占國民淨收入（net national income, NNI）的 5%。而 1960 到 70 年代採行相關政策以來，社會保險支付持續增加，在 1970 年已占了國民淨收入的 15%，更在 1983 年來到 24% 的高峰。

　　不過，前述荷蘭社福體系的政策方案，都是在經濟成長，以及就業率不低的年代中逐步引進的。因此，社會上僅有相對較少數的人需要請領保險金或津貼。然而，全世界在 1973 年經歷第一次石油危機之後，荷蘭國內經濟成長趨緩，失業率逐漸增加，越來越多民眾需要仰賴相關社福體系支持，飛漲的津貼申請人數和支付金額，衝擊到建置不久的社福體系。尷尬的是，雖然荷蘭政府需要越來越多稅收，來提供他們原先承諾給予民眾的津貼，但直到 1970 年代以前，荷蘭的稅收制度，並未實質跟隨社會保險費用的利率而改變，也種下往後荷蘭病的因子。

荷蘭病的背景之二：大量出口天然氣導致國內產業退化、產品出口量下跌

　　1959 年，北海豐富蘊藏的天然氣被探勘小組發現後，荷蘭政府開始大力推展天然氣相關事業。這些從北海開採出來的天然氣不僅投入

能源部門，也大幅出口。往後幾年間，特別是 1973 年第一次石油危機後不久，荷蘭藉由輸出大量天然氣，配合高漲的能源價格，在國際貿易出現順差（即荷蘭的出口貨物與金額總量，大於進口的貨物與金額總量），荷盾（Dutch Guilder）匯率上升，所得提高帶動社福體系的建置更完善，國內經濟也一片看好。

然而，當荷蘭將焦點放在如日中天的天然氣事業時，其他部門的發展，特別是原先荷蘭立足的農業與工業，便受到嚴重排擠。由於勞動者薪資增加，使得生產成品升高，導致工業產品的國際競爭力下滑。短短數年間，荷蘭就面臨通貨膨脹、製成品出口量暴跌、失業率上升、政府社福與財政負擔加重等問題。如此困境，讓荷蘭耗費好一番功夫，才使產業結構回到常軌，並讓經濟表現復甦。

1977 年 11 月 26 日出刊《經濟學人》（Economist），首度將荷蘭面臨的一系列問題稱為「荷蘭病」（Dutch Disease）。兩位經濟學家 W. Max Corden 和 J. Peter Neary，也在 1982 年提出「荷蘭病」（Dutch disease）的經濟學模型，用以稱呼一個國家因出口自然資源，隨後導致工業出口減少、國內製造業衰退的現象。

荷蘭病症狀：失業人口與社福支出大幅增加＋過度仰賴出口天然氣所得＋政府大幅舉債

若要列舉荷蘭病的病癥，我會歸納為：失業人口與社福支出大幅增加，過度仰賴出口天然氣所得，以及政府大幅舉債。首先，從 1970 年代初期開始，荷蘭失業人口已略微上升，1970 年代末期，大約 30 萬人失業，到 1984 年前後的高峰時，失業人口已超過 80 萬人，失業率

已超過10%。如此高失業率，也嚴重影響到政府從就業人口獲得之社福保險收益，以及支付給失業人口之保險金之間的平衡。

1970年代至1980年代初期，荷蘭政府總支出遽增，且增加的支出中，有相當高的比率，流向超出預期許多的社會保險支出。在扣除政府稅收和保費等收入以後，政府還必須透過其他非稅收的管道，才能弭平收入與支出之間的差距。

其中一項重要的收入來源，就是販賣荷蘭北方發現的天然氣。政府也將這些出口天然氣所得，挹注在社會福利方面的基金。然而，此舉雖然能在短期間填補社福支出的缺口，但由於未能實際投入經濟建設的改善，只能說是治標不治本。更何況，自然資源也將有枯竭的一天。

荷蘭政府第二個主要收入的來源是舉債。因為政府各類收入，包括販賣天然氣所得，不見得總是能與支出打平，政府因而被迫去借錢。不過十年之間，荷蘭國家貸款從1982年的6,800億左右，飆升到1991年的1兆5,400億。這個數據占國家收入的比率，也從原先的43.8%來到71.0%。同一時期，用以支付債務利息的錢，從荷蘭國民生產總值（GDP）的2%上升到將近6%。這個數據遠高於歐洲共同體（European Communities, EC）中，前五大國家的平均。

於是，為了社會福利支出而負債太多的現象，成為當時荷蘭政治的焦點。畢竟，政府總不能永無止境地借錢，來填補會持續的社會福利支出。這個現象也成為「荷蘭病」的重要病癥。

另一個延伸的問題，是當荷蘭私部門為了負擔勞工保險的成本，

得增加約 45%的支出時，企業只好提高出口產品和服務的價格來因應，但如此也使得荷蘭企業較難在國際市場上與其他公司競爭。

荷蘭在二戰以後，只花了約 20 年光陰，便將整個福利國家體系建造起來。但在那之後的 20 年，政府與社福體系的負擔不斷加重，又缺乏足夠收入來彌補。即便短期內可以靠出口自然資源（天然氣）和舉債來增加財政收入，卻不是個長遠之計。從 1970 年代開始，眾多內外因素導致的問題，開始困擾著荷蘭全國。1982 年 11 月起擔任荷蘭首相的魯德‧魯伯斯（Ruud Lubbers），更曾在奈梅亨大學（Radboud University Nijmegen）的一場演講中，表示「荷蘭生病了」。

那麼，患病以後，荷蘭政府與民間社會又做了哪些努力，才逐漸康復呢？

治療荷蘭病並不容易，因為這個病具有多種症狀，不僅需要強效藥，也得多管齊下才行。底下，我們繼續介紹荷蘭政府從 1980 年代起採取的幾種藥方。

診治荷蘭病的藥方 1：利用抑制工資上漲和減少工時的策略，好創造更多就業

首先，荷蘭政府將目標鎖定在處理就業問題。政府的策略是降低工資成本，因為此舉不僅可改善荷蘭貨品與服務在國際市場上的競爭力，也能創造更多就業機會。在政府施予的壓力和導引下，荷蘭勞方（工會）與資方（雇主）代表們，於 1982 年簽署《瓦森納協定》（Wassenaar Accord）。其中，工會接受在未來幾年薪資成長將受到限制的政策；雇

主同意減少裁員和降低每週工作時數；政府則同意部分工時之勞工也納入社會福利體系。這個《瓦森納協定》，也標示為人熟知之「波德模式」（polder model）的開端。

這個時期，荷蘭成功地創造更多就業機會。從 1985 年開始，直到 2003 年之間，就業人口每年幾乎都以 1 到 3% 的幅度成長。在 2003 年至 2005 年之間趨緩以後，就業人數在 2006 年又開始增加。直到 2008 年全球金融海嘯來臨前，荷蘭國內失業率僅有 3.7%，幾乎傲視所有先進國家（請見下圖）。

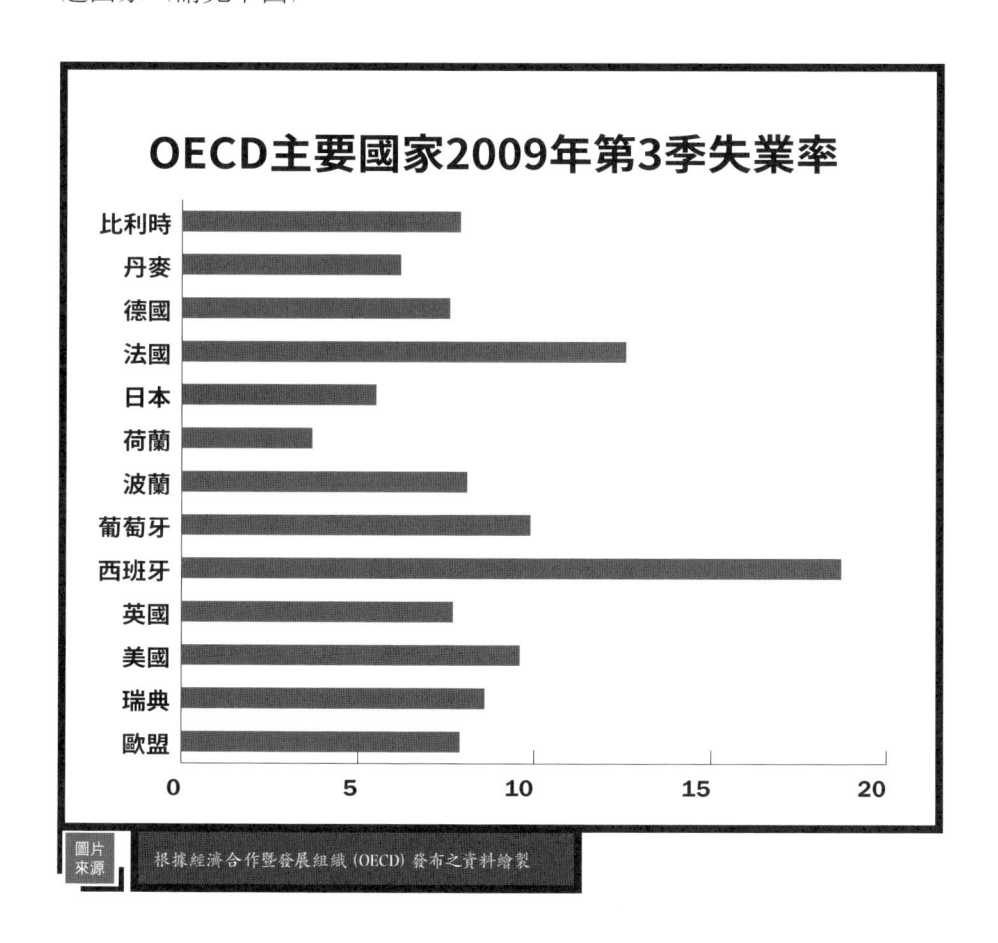

OECD主要國家2009年第3季失業率

國家	失業率
比利時	~8
丹麥	~6.5
德國	~8
法國	~13
日本	~5.5
荷蘭	~4
波蘭	~8.5
葡萄牙	~10
西班牙	~19
英國	~8
美國	~10
瑞典	~9
歐盟	~8

圖片來源：根據經濟合作暨發展組織（OECD）發布之資料繪製

診治荷蘭病的藥方2：縮減政府規模與公務員工資成本

其次，政府將治療荷蘭病的目標，轉移到重組政府財政，特別是縮減政府的規模和成本。由魯伯斯領導的內閣在1982年組成後，曾提議要從1984年1月起開始，減少政府雇員薪資的3.5%。不出意外的，這個提案很快遭到政府雇員的工會反對，還經歷一場幾乎是荷蘭二戰以來最大的罷工。不過，就在私部門的勞資雙方接受工資緩漲的提案以後，公部門工會發現他們逐漸被孤立。故事最終的結局為，1986年起，公部門雇員薪資縮減3%，但工作時數也從每週40小時減少到38小時，每年增加12個額外的假日。

診治荷蘭病的藥方3：重組福利國家體系

第三則是進行福利國家體系的重組。政府一方面要減少各種社福方案的支付金額，另一方面則要降低請領社福津貼的人數。與此同時，政府還試圖重新打造福利國家的誘因體系，以減少政府福利體系的負擔。換言之，如果荷蘭國民有「工作賺錢」跟「不工作並請領津貼」等兩個選擇，前者的誘因將會更吸引人，等同於鼓勵原先接受津貼的人，再度回到職場。

於是，1987年，政府將津貼比率，從原先工資的80%減少到70%。1991年時，本來有項提案主張未來津貼的給付，也將考量此人先前工作累積的年資多寡，沒想到引來25萬人在海牙進行強烈示威遊行。當時的執政聯盟成員工黨（PvdA）和基督教民主黨（CDA）也在

隨後於 1994 年的選舉中，失去很多選票。1992 年時，政府又引入一個財政誘因到私部門，包括提供獎勵給雇用身障勞工的公司，以及在身障員工遭解雇時給予的補助，推動雇主更有責任地將身障人士整合進總體勞動力。

在 1994 年，津貼請領者的總數首次下降，但在 1996 年至 2002 年之間，數值又開始上升，在 2003 年達到 98 萬 8 千人。這個數值大約是德國的三倍，瑞典的兩倍。2005 年，看重工作能力（working ability, WIA）的《工作與收入法》（Law on Work and Income）取代《身心障礙法》（Law on Disability, WAO），是另一項重要轉折。新法案把因疾病或者身障等原因造成的失能者分為：低度（低於 35%）、中度（35% 至 80%）與高度（超過 80%）等三個級距。其中，低度失能者原則上是靠雇主提供，政府不提供津貼；程度嚴重的失能者可請領相當於前一份薪資 75% 的津貼。介於中間的那群人，仍舊可以請領津貼來支持生計。這個新法案上路後，成功停止上漲中的津貼申請人數，2012 年時，失能請領津貼者已減少到 81 萬 6 千人。

診治荷蘭病的藥方 4：重組政府財政

如前所述，「荷蘭病」的病徵包括過多的政府預算赤字（支出）。即便荷蘭能暫時從販賣天然氣得來大量收入，但這項收入來源總有一天會終結，治本方式應是減低政府支出，並讓政府財政回到常軌。

荷蘭病的治療期間，幾任內閣都採取各類措施，試圖重整政府財政。除了前面提到由魯伯斯首相領導的內閣，1994 年起，在由維姆‧寇克（Wim Kok）領導的「紫色內閣」（purple cabinets）時期[註2]，

財政部長海利特・薩姆（Gerrit Zalm）引入新的預算程序，各方達成共識，為之後的政府支出設定上限，即便政府收入增加，支出並不因此而增加。此外，內閣同時也採行保守的經濟預測原則，以防各種未預期因素影響到實際經濟表現。

診治荷蘭病的藥方 5：加入區域貨幣整合

最後，荷蘭政府也從 1980 年代起，逐步加強其加入區域貨幣整合的步伐。當時，歐洲貨幣聯盟（European Monetary Union, EMU）設定五項加入條件，其中最關鍵的一項為，申請國之預算赤字不得超過每年 GDP 的 3%，整體債務也不能超過 GDP 的 60%。雖然在 1997 年時，荷蘭債務依舊占了 GDP72%，但由於其他四項條件皆已達成，而且比起歐洲許多國家，荷蘭表現已相當不錯，因此仍被接受加入。荷蘭貨幣價值被認定為每 2.20371 荷盾兌換一單位的新貨幣：歐元（Euro），並在稍後正式引介給大眾。

歐元上路後，理論上所有參與國家都得遵循一致的貨幣跟財政規則。然而，現實情況總是不盡人意。適逢 2003 年的經濟低迷，荷蘭無法將赤字壓在 GDP 的 3% 以下，政府只好引入更緊縮的財政措施。終於，在 2006 至 2008 年之間，荷蘭預算出現小幅盈餘，政府債務也減少至 50% 左右，符合前述提及不超過 GDP60% 的標準。

結語：借鏡重生的荷蘭：政府 × 人民 = 最佳解

荷蘭經過 1950 至 1960 年代的努力，不僅走出二戰後的經濟衰退，

也建立起整套福利國家體系；發現北海的天然氣後，荷蘭仰賴大量出口天然資源導致國內產業衰退、產品出口量下跌，進而造成 1970 年代失業人口與社福支出大幅增加、政府大幅舉債。難能可貴的是，荷蘭政府與民間經過一番改革和長達 20 年努力，無論降低失業率、降低依賴社福津貼人口，或降低政府負債和赤字的表現都相當亮眼，讓其在 21 世紀前後獲得國際注目與「荷蘭奇蹟」（Dutch Miracle）之讚賞。

近年來，半導體與晶片製造等科技產業，雖然成為臺灣經濟的「護國神山」，卻也常引來質疑聲音：倘若臺灣過於集中在電子相關產業發展，將陷入荷蘭病的困境。每隔一段時間，便可聽到「臺灣會不會得荷蘭病」與「臺灣是否得了荷蘭病」的爭辯。無論今天的話題是臺灣總體經濟、產業政策、財政或貧富不均，「荷蘭病」都變成媒體報導與政治人物掛在嘴邊的詞彙。

不過，從本文的回顧可知：荷蘭的「荷蘭病」有其歷史的脈絡和症狀，並非只是「過於仰賴單一產業發展」這麼簡單。此外，荷蘭病與其復原的重點，在於整個社會就業與社會福利體系的改革，而非只關注經濟面向。最後，荷蘭這段從「荷蘭病」到「荷蘭奇蹟」的故事告訴我們，任何的危機、困境與挑戰並非無法克服，只要政府與民間協力，依舊可以在險峻的世界政經局勢下，走出屬於自己的道路。

註1　當然，如果依照荷蘭文 tje 有「小」的意思，這邊的 Vadertje 直譯應為「小爸爸」。能獲得這個稱呼，是由於德雷斯推動很多社福政策，很得人心，不只是自己的政黨（支持者）支持他，其他政黨也都尊敬他。

註2　1994 年開始的荷蘭執政聯盟最主要的成員，分別是當時首相寇克所屬的工黨（PvdA）、民主 66 黨（D66）和自由民主人民黨（VVD）。之所以稱為「紫色內閣」，是由於工黨象徵之「社會民主」為紅色，而自民黨象徵之「自由」則為藍色，兩者混合後即為紫色。

參考資料

- 張淑勤，2012，《荷蘭史》，臺北：三民書局。

- 陳雅慧，2002，〈共生、妥協 以商立國〉，《天下雜誌》，第248期。網址：https://www.cw.com.tw/article/5033818。

- 黃志隆、張世雄，2005，〈就業成長的達成與社會安全的維繫——荷蘭社會改革的理論爭議和政策意涵〉，《歐美研究》，第35卷第2期，頁405～458。

- 藍於琛，2006，〈德國與荷蘭的政治經濟改革：深度統合治理模型分析〉，《行政暨政策學報》，第42期，頁37～106。

- Andeweg, Rudy B. and Galen A. Irwin. 2014. *Governance and Politics of the Netherlands (4th edition)*. New York, NY: Palgrave Macmillan.

社會篇

Chapter 2

外國的月亮比較圓？我們很常以充滿美好想像的眼睛，看到世界（特別是歐美）各國令人讚賞的一面。不過，除了自由、寬容與商業創新等一眾美好詞彙，荷蘭更深層的社會面貌究竟是如何呢？

首先，芸安和宜芳的文章不僅提供大麻的新手指南，更難得的是，他們詳細探討荷蘭政府如何以「容忍政策」管理大麻這個界於「合法與非法之間」奇幻之物，以及荷蘭民間的態度。在荷蘭，要是真的毒品上癮了怎麼辦？惠雅將介紹與自然環境和社區鄰里互動密切的戒毒所生活，如何引導成癮者在專業治療和規律生活中重獲新生，最終回歸社會。既然大麻和毒品都談了，不分享紅燈區應該說不過去吧？請讀者跟著依涵走一趟阿姆斯特丹的德瓦倫紅燈區，來場百年穿梭的多重宇宙旅程，並瞭解此地性工作者、居民與遊客的關係，以及近年市政府對紅燈區的政策轉折。

想認識荷蘭的文化創意產業，光知道米飛兔可能還不夠。讓又嘉以荷蘭的電音為例，介紹荷蘭的文化、創意與媒體產業如何深刻融入生活。接著，玫妏以節慶作為話題開頭，點出地狹人稠的荷蘭，從宗教傳統的差異展現出南北地域差異，也讓荷蘭人很早就學會異中求同的藝術。若在政治上把這種包容的藝術展現到極致，就是讓代表不同利益、宗教和族群的政黨，得以藉由妥協達成共識的「協和式民主」。關於當前荷蘭的政黨運作與民眾的政治參與，請不要錯過致誠的分享。然而，聚焦極

右翼政黨：自由黨（PVV）黨主席威爾德斯（Geert Wilders）在荷蘭的崛起與引起的爭議，騰傑提醒我們：「荷蘭絕對不是你想的那麼開放又包容」。在種族與移民議題上，荷蘭可能繼續走向右翼路線。覺得震撼嗎？讓人驚訝的可能還不止於此。雖然荷蘭在 2001 年成為世界第一個實行同性婚姻法的國家，20 多年過去後，荷蘭社會在包容和支持多元性別族群的表現如何呢？答案恐怕不是太過理想。請看許涵報導一位具多元族群背景的酷兒在荷蘭的親身感受。這還沒完，台客 J 以客觀的數字及統計報告，分析荷蘭女性在家庭與工作之間取得平衡的真相。他的結論是，所謂的職場性別平等，對荷蘭的職業婦女來說，還有很長的路要走。

經過連續幾計重拳，打醒我們對「荷蘭的月亮比較圓」的美好憧憬後，以較輕鬆的話題，為本篇收尾。在臺灣與荷蘭職場均打滾多年的柔璇，將分享她從咖啡、午休、開會等工作時看似微小的瑣事和習慣，感受荷蘭文化背景下的職場風貌，以及許多讀者應該會感興趣的──荷蘭休假福利制度。最後，本書收錄一個較少被媒體報導的話題──荷蘭人深入骨子裡的運動文化。如果你好奇荷蘭人除了騎自行車還擅長什麼運動、他們瘋哪些運動賽事，以及在哪些運動賽場上表現亮眼，請看宜樺詳細的整理。

希望讀者在閱讀社會篇的精選文章後，能更全面且深刻地認識荷蘭社會與荷蘭人。

01

董芸安 & 劉宜芳

在合法與非法之間的荷蘭大麻

　　初次乍到荷蘭的讀者，倘若想找間咖啡館，享受歐式悠閒，在網路地圖上搜尋時，請記得輸入「café」或是「koffiehuis」，若走進的是「coffeeshop」，你會發現大家在享受的，不是香醇的咖啡，而是「濃純香」的大麻！

　　為什麼荷蘭的大麻店（cannabis store）會叫「咖啡店」（coffee shop）呢？根據漢克・德弗里斯（Henk de Vries）——荷蘭最具代表性的大麻商人，也是阿姆斯特丹歷史最悠久的著名大麻咖啡連鎖店「鬥牛犬」（the Bulldog）創始人的回憶，1970年代大麻剛剛合法，以前只能在家和親友一起的私密之事，成了在開放空間和陌生人一起的消費行為。由於當時大麻店的老闆大多是嬉皮，他們期許自己的大麻店能像自家客廳一樣，充滿溫馨自在的氛圍讓陌生人輕鬆交流，因此挪用荷蘭常見餐飲場所「koffiehuis」（咖啡屋）的通稱，將大麻店取作「coffee shop」（咖啡店），允許客人邊喝咖啡邊呼麻，但嚴禁客人在店裡喝酒

或使用其他精神活性藥物（例如 70、80 年代歐美隨處可見的古柯鹼、LSD／搖頭丸），希望打造出充滿愛與和平的草本芬芳大麻文化，與世間紛亂的酒吧文化區隔開來^(註1)。

幾十年過去，老嬉皮式的溫馨大麻咖啡店在荷蘭所剩不多，取而代之的是快速出貨的速吸大麻店，各個城市遍地開花。凡持有執照的業者，都能光明正大地販賣大麻相關產品。這不僅塑造荷蘭別具一格的觀光特色，也成為這個國家展現其自由和寬容精神的另一個經典案例。

所以，在荷蘭，大麻還算是毒品嗎？真的可以合法賣／買／抽娛樂用的大麻嗎？而荷蘭社會究竟有什麼政策，管制這個既熱門也充滿爭議的棘手草藥呢？

荷蘭大麻新手入門指南

探究社會政策的大問題前，先來個起手式發問：在荷蘭要如何合法地買／抽娛樂用大麻？追求的到底是什麼效果？

購買資格	自 2013 年起，18 歲以上的荷蘭居民，攜帶有效證件，才能進入消費。換句話說，觀光客其實不能「異國體驗」買大麻的，但現實中，你能不能踏進大麻店消費，是大麻咖啡館雇用的保安人員說了算，因此不意外的執法鬆散。
大麻產品	主要產品有：大麻葉（weed，但其實是乾燥的大麻花蕊），以及大麻膏（hashish，萃取大麻花草汁液製成的膏塊）。除「原物料」外，大多店家也賣即時／食產品：混著菸草捲成的大麻捲菸（joint）、添加大麻成分的餅乾糕點。各類產品效果如何？江湖傳說是大麻膏濃度較高、大麻點心效果較淡／慢，但並不科學僅供參考，最終效果如何因人而異。

合法 食用場所	合法抽大麻葉／膏的地方只有自家和大麻咖啡店（coffee shop），並非每間大麻店（cannabis store）都開放室內抽麻，在阿姆斯特丹有極為少數的旅館房間也開放。除了上述場所，在其他地方使用大麻，都屬違法行為，罰金以 100 歐（約臺幣 3,500 元）起跳計算。
產品與效果	使用大麻主要為的是兩種成分所帶來的不同效果：讓人鬆的大麻二酚（CBD）和讓人嗨的四氫大麻酚（THC）。CBD 比例較高的大麻品種，通稱 indica；THC 比例較高的，則為 sativa；若是效果混合，店家通稱 hybrid。這樣區分並非科學性的生物品種分類法，而是透過「大麻專家」測試過後的經驗談，純參，效果最終還是因人而異。 如果覺得直接走進大麻店來一根實在太刺激的話，在一般藥妝店也可買到萃取過，用來安神放鬆保健的 CBD 產品，例如茶包、精油等。這些產品在荷蘭境內被歸類為保健食品，不在管制範圍內，民眾可自由選擇。

非法但不犯罪：容忍政策下的灰色地帶

回到一開始的提問：在荷蘭買／賣／抽娛樂性大麻，真的合法嗎？

與其說合法，更適合的解讀是，荷蘭政府以「不影響其他人的個人自由」為前提，畫出了一塊「不算你犯法」的灰色地帶：法律原則來說，在荷蘭販售、種植、持有大麻是非法行為，但是，如果一個人有需要，她／他可以在自己家種植跟使用大麻[註2]。

在荷蘭，毒品分為兩種（臺灣分四級）：軟性跟硬性。硬性毒品包括海洛因、古柯鹼，而大麻屬於軟性毒品，被視為對人體傷害較低的毒品[註3]，過度使用軟性毒品，荷蘭政府將之視為健康問題，與抽

其實遊走在灰色地帶的大麻。

菸、酗酒和肥胖等的處理態度相似。

這樣的奇妙定義,來自 20 世紀末荷蘭社會一場深度全面的社會辯論,討論大麻的健康影響、癮性、負效果、社會管控;最後討論結果,政府選擇以「容忍政策」(gedoogbeleid、tolerance policy,俗稱睜一隻眼閉一隻眼)來管理大麻的使用。

容忍政策,簡單說就是荷蘭政府對社會大眾劃出的底線:量及使用方式的管控。法律允許「個人用」,因此條件也就以個人用的合理上限為準則,依據《鴉片法指導方針》(Aanwijzing Opiumwet),每人每天可持有、可交易量的大麻上限為 5 公克、在家可種植的大麻草數量上限為 5 株。5 公克是什麼概念?1 公克的大麻混菸草大約能捲 3～4 根的大麻捲菸,所以 5 公克大概等於一包菸[註4]。

除了量的限制,銷售場所(大麻店)則是容忍政策下的另一管轄重點。

根據荷蘭政府官方說明，政府開放大麻店主因在於，與其警方整天貓抓老鼠，限制但開放交易場所，更有助政府有效介入。此外，如果使用者必須透過非法管道購買軟性毒品，反而更容易接觸到對身體危害更大的毒品，延伸出更多犯罪行為的環境，對整體社會的負面影響可能超過國民健康之範疇。

為了有效管理，荷蘭政府對大麻店開出各種嚴格規範，包含：不能靠近學校、不能廣告、不能販售酒精、店內庫存不能超過500公克等，且需繳高額稅金，以2018年為例，該年大麻交易繳交的稅金高達4億歐元（約138億新臺幣）(註5)。對荷蘭當局而言，繳稅就是紀錄，有助政府瞭解目前社會的使用與交易情況，進而調整政府宣導和控制的力度及方向。此外，既然是深層結構式的管控，其管理和執法都需要大量的資源，而大麻銷售的稅金直接支援了毒品防制教育與控管系統所需的資金。

政府政策與民間對策的見招拆招 123

雖說荷蘭政府與警方不用到處抓大麻使用個體戶，但還是會在生產供給端玩貓抓老鼠。畢竟，合法上限是一人5株，而大麻店上哪找這麼多個大麻小農，提供給源源不絕的客潮？也就是說，大麻店後面的供應源才是犯罪淵藪：地下大麻工廠。也因此故事情節演變成，在不溫暖、陽光不普照的荷蘭，警方成了「電費警探」，整天觀察哪個地址電費特別高（因為在荷蘭種植需要使用溫室燈照設備，促進生長），遍地尋找小、中、大規模種植的地下工廠。

除了直接違法，地下工廠產生的另一問題是「食安」，因為生產

流程不公開，市面上流通各種混雜來路不明人工添加物的「合成」、「加味」大麻，無法得知對身體健康帶來什麼負面影響，雖然有良心口碑的商家會標榜自家銷售的是「純天然有機」，但對「非饕客」的一般消費者來說，很難一時察覺差別，權益難被保護。

面對市場利益導致的非法量產、非公開製程，荷蘭當局嘗試出招打擊問題根源：龐大的市場需求。

荷蘭政府一開始設定目標：縮小國外市場，特別針對荷蘭邊境的德國和比利時消費人潮，於 2013 年明文規定「只有荷蘭居民可以買」，甚至曾在 2012 年創意推出「會員制大麻證」（wietpas）政策，當時由南方三省（林堡省、北布拉班特省和澤蘭省）率先推行，居民須先登記成為大麻店會員、持有「大麻證」才能進店買麻，且每間店的名額有限（不可超過 200 名會員）。此創意招數雖好，但過不了山不轉路轉的多變市場，間接促使黃牛大麻和非法買賣的生意興隆，加上國際觀光客集中所在的北方各省不願意參予這場「會員限定活動」，「大麻證」政策僅在推行 6 個月後便宣告廢止。

體會不可控的市場力量後，荷蘭政府決定從看起來更難、但至少更能控制的供應端著手，最新政策方向則是：官方出品、品質保證、政府「下海」自己來。荷蘭政府於 2023 年 12 月在布雷達（Breda）及蒂爾堡（Tilburg）兩個城市，開了「國家級保證全新大麻概念店」，成為歐洲首間從生產到銷售都接受政府監督且合法的大麻實驗咖啡館，並且號召全國願意接受「產業輔導」的大麻小農，為此，荷蘭衛生部長恩斯特・考伊伯斯（Ernst Kuipers）表示，大麻實驗咖啡館裡賣的大麻產品，可以透過條碼追蹤產地和生產程序，除了品管，政府的介入也能有效防止有毒化學藥物的汙染。

獲民意支持的大麻

荷蘭法律讓抽大麻不犯法，甚至由政府開店，荷蘭社會真的 OK 嗎？

根據 2024 年 4 月《荷蘭時報》（NL Times）報導，位於阿姆斯特丹的研究機構：選舉指南針（Kieskompas）與荷蘭通訊社（ANP）針對是否要直接合法化娛樂用大麻的生產、供應和銷售之問題，進行了一份超過 6,000 名荷蘭成年人參與的民調，調查結果有 60％ 的民眾表示贊同合法化。

面對民意，近期荷蘭國會將討論重點放在兩大面向：首先是產品品質，除了如何把關製程之外，還有大麻產品的純度，是否應該有所限制；其次則是如果真的全面合法，該怎麼做、對社會的正面負面影響分別如何，配套措施又該有哪些？

大麻除罪／合法化：各面向的相互制衡

近年來，大麻的除罪／合法化議題在臺灣和世界各地受到關注和討論，而荷蘭經驗也成了重要的參考案例。由於其歷史脈絡發展出的自由與寬容社會特性，荷蘭政府用「合法與非法之間」的政策態度開放大麻，而這樣的作法是否適合直接挪用到其他國家，值得思索。然而，從荷蘭整體社會面對困難議題，直球對決開放討論，到其政府以務實但有原則的態度，不同階段不斷創新，在政策管理、商業市場、社會倡議間尋求平衡之嘗試，令人佩服之餘，也可窺見在「是否開放

大麻」的是非題底下，不僅涉及法律、道德與健康面向，更有生產供應、銷售管道、生物化學技術、跨國市場、稅務管理、犯罪環境與組織等相互牽制的因素。

撰寫本文的 2024 年夏天，荷蘭最新的「國家大麻店」政策剛啟動幾個月，荷蘭政府正積極推廣一般大麻店同時販售「國家合法有機大麻」和「一般大麻」，並設定第二階段目標：全國十座城市內的所有大麻店都改成只能銷售符合食安標準、產地可追蹤的國家合法大麻。這乍看之下是中性穩健的「政策推行」，但實質上也是一場商業征戰——這次荷蘭政府要攻下的，是過去將近半個世紀，以經營非法大麻工廠賺進大把鈔票的地下組織商業領土，而幫助荷蘭政府占上風的，竟是過去政府最管不住的市場需求。至於回歸「市場對好產品的需求」之政策成效如何，我們一起拭目以待。

註1 參考資料：Youtube: 'Amsterdam's Coffeeshop Culture: The Inside Story (ep1) Documentary nederwiet'。

註2 荷蘭政府官網資訊：Toleration policy regarding soft drugs and coffee shops。

註3 荷蘭的毒品由 Opiumwet（鴉片法）統一管理，鴉片法自 1919 年立法通過適用，目的是為了監管具有高度成癮性、藥品濫用或對身體有害的藥物。第一版的鴉片目的為規範鴉片貿易，後續經過多次修法，於 1976 年增加控制其他成癮性藥物，如嗎啡、可卡因、海洛因、巴比妥類、安非他命等，並將各類成癮性藥物依照對健康之影響性分類為硬性毒品（Lijst I）及軟性毒品（Lijst II）。

註4 上述量的限制都是針對 18 歲以上的成人所規範，未成年者吸食、持有或栽植軟性毒品仍會被依鴉片法起訴。

註5 該稅收數字參考 2020 年 KRO Reporter 報導：Fiscus haalt honderden miljoenen op bij coffeeshops，以及 Transform Drug Foundation 2018 年的文章：CANNABIS POLICY IN THE NETHERLANDS: MOVING FORWARDS NOT BACKWARDS。

參考資料

- 荷蘭政府官方網頁：Why are coffee shops allowed to sell soft drugs in the Netherlands?

- 新聞：The Guaridian 'Potheads, go giggle elsewhere': public weed ban begins in Amsterdam' on 25 May 2023.

- Jellinek 戒護中心網站文章：'Cannabis / wiet en hasj: Beleid, wet en verkeer'.

- 新聞：Dutch News 'High time: after five years, Dutch start legal cannabis trial' on 15 December 2023.

- 新聞民調報導：NL Times 'Majority of Dutch in favor of legalized cannabis cultivation, sales' on 4 April 2024.

02

詹惠雅

信任・戒癮之家
陪伴成癮者的最後一哩路

按：為今日荷蘭毒品相關法律之基礎的《鴉片法》於 1976 年修訂時，除了依危害身心及社會治安之風險高低，分為硬性毒品及軟性毒品，也確立由荷蘭「衛生福利及運動部」主導毒品防治策略，以公共健康及衛生為出發點，採取「減低危害原則」（harm reduction），不再以「道德至上」的原則處理毒品問題，而是正視其存在，並盡可能務實處理。同時，荷蘭將毒品施用者視為「身心狀況異常者」，而非犯罪人，改以社會福利及醫療措施優先介入，而非司法手段的強制干預。也因此，醫療院所及民間基金會蓬勃發展，為成癮者提供各式專業的治療及協助。本文介紹的戒癮之家 Spetse Hoeve 即為非營利組織 Terwille 營運，是甫出獄藥癮者的中途之家。

戒癮之家入口的招牌以及誠實商店，小攤子內販售自行栽種的蔬菜供附近居民購買。

圖片來源 詹惠雅

　　戒癮之家 Spetse Hoeve（中文直譯為參差不齊的農場）負責人斯維尼（Swanny van der Scheer）正在牧場裡，專注地和生活輔導員約翰（化名）討論下一次開放日（Open Day）規劃，開放日是機構一年一度的大日子。

　　「我們很注重和社區的關係，當初戒癮之家要在這落腳時，曾受到附近居民很大的反彈，很多人認為不該讓這些成癮者在這居住。但是，開放日加上敦親睦鄰的活動，現在反而也有許多居民會來串門子，甚至孩子也會來玩耍。」斯維尼邊指著附近在玩跳繩的兩個女孩邊說道。

　　開放日是讓周遭居民認識戒癮之家的契機，機構占地廣大的農地及牧場，用來飼養馬匹及牛隻，以及栽種各式蔬果，平時多餘的農產品，就放在入口處的誠實商店，供附近居民付費購買，讓戒癮之家不

再是獨立的存在，而是融入當地的社區。

從街頭和監獄接觸最需要幫助的成癮者

營運戒癮之家的 Terwille（中文直譯為意志）是荷蘭一個心理健康照護的非營利組織，提供一般民眾及有成癮問題的受刑人戒癮治療服務。1998 年，該組織之創辦者因有感於格羅寧根（Groningen）市中心的成癮問題嚴重，但成癮者無法被即時轉介，或僅能在日間接受戒癮服務，因而設立緊急戒癮服務熱線，讓成癮者即使在夜間也能得到建議及協助。

Terwille 屬於荷蘭精神衛生醫療體系（Geestelijke Gezondheidszorg, GGZ）的一環，GGZ 組織及其相關機構已超過 100 個，包括精神醫療診所及醫院、戒癮中心、中途之家及臨時庇護所等，提供高品質的諮商、生活型態改變計畫，以及專業的精神醫療服務。在荷蘭此類機構大多為民間的私人基金會營運，並接受政府的補助來接收個案，讓機構營運上保持彈性，並提供專業的服務，此種公、私協力模式在需要專業服務的領域特別盛行。

Terwille 除了接洽主動求助者，以及到街頭接觸有需要協助的群體，也與 Almere、Leeuwarden、Zwaag、Heerhugowaard 及 Veenhuizen 等城市的監獄合作，讓有毒癮的受刑人可以參與毒癮健康照護的相關課程，而 Terwille 則會派專業的工作者及志工到監獄進行戒癮治療。此外，該組織亦提供戒癮之家，使其可繼續接受至少 6 個月的戒癮治療，該機構所提供的服務十分獨特，讓成癮者能在農莊的環境中，逐漸養成負責及自律的生活型態。

「我們相信成癮者都有免於成癮問題並重獲自由的一日，但他們需要適當協助，以及賦予自主能力。」斯維尼表示。

在鄉村遠離城市及誘惑

「我們當初在選擇園區地點時，就特別挑選遠離格羅寧根的鄉村區域。在戒癮的初期，如果能稍微與過去的生活圈疏離，有時不見得是壞事。」從戒癮之家成立之初就事必躬親的斯維尼解釋道。

戒癮之家位在荷蘭北部 Veelerveen 小鎮，提供仍有毒癮的出獄者住宿以及農作空間，不僅可以遠離大城市的誘惑，更可以讓出獄者繼續銜接戒毒的治療，園區有輔導員及社工提供相關協助，讓成癮者可以脫離毒品、學會自主及負責，建立正軌的生活型態。

戒癮之家的收容對象是出獄者及在特殊封閉性機構額外監禁兩年的累犯（Interior Persistent Offenders）。出獄者可在監禁期間或是釋放後與戒癮之家聯繫，自願至該機構居住及參與治療計劃；受 ISD 處分者可選擇接受兩年監禁處分，或是其中一段時間（至少 6 個月）到戒癮之家居住並配合課程，倘若 ISD 處分者未能遵守相關規定，則必須回到原機關，且不能再居住在低度管理的收容機構。

曾經多次進出監獄，後來在此戒癮成功的生活輔導員約翰表示「我在最後一次離開監獄之後，下定決心不要再回去。當初我是自己和這邊聯繫的，剛開始很不適應，後來成功戒除藥癮後，反而不想走了，就問斯維尼能不能留下來，擔任這邊的生活輔導員。」

「我們很高興能有像約翰這樣的生活輔導員，畢竟要管理戒癮者並不是件容易的事，約翰曾經是我們的個案，不但熟悉戒癮者的心理，還能作為他們的榜樣和典範。」斯維尼也補充說明。

從專業治療和規律生活中重獲新生

為了能夠有效戒癮，戒癮之家提供為期 6 個月的治療課程，共可分為 4 個階段，每個階段至少為期 4 週，個案是否能進入下個階段，則視其需求而定。斯維尼表示「並不是越快完成所有課程越好，有時候停留在某一個階段，並不代表停滯，而是個案還有沒準備好的地方，我們可以協助檢視和補強。」

為了實施白馬療法而引進的馬匹，就圈養在機構的牧場內，由個案輪流照顧及清潔。

圖片來源 詹惠雅

在戒癮之家的治療課程中，採用認知行為療法、藝術療法與白馬療法，其中的白馬療法就是藉由與牧場裡白馬的互動，以及日常照顧與打理馬匹，來達到培養個案負責及正向的生活態度。

　　此外，由於藥癮者經常伴隨其他物質濫用問題，戒癮之家也採用以匿名戒酒會（Alcoholics Anonymous，又稱 AA）發展出的 12 個步驟方案（Twelve Steps Program），來幫助案主戒除酒癮、毒癮以及其他問題行為。

　　在生活管理方面，機構內的職員會和個案一起討論，提出合宜及健康的生活型態，讓個案能思考何為正常及恰當的行為，而非一味強加規定及限制。斯維尼指出制定太多僵化的規定，反而會阻礙個案的思考，因此，為培養案主的自主性及責任感，正職與兼職之職員僅在日間工作，夜間並無任何職員在園區輪值，希冀藉此讓個案發自內心為自己的行為負起責任，並且逐漸成為獨立自主的人。

　　「我們是採取信任的管理方式，因此，個案們可以自由進出戒癮之家，不需要特別報備或是申請。但是，我們期待藉由彼此的信賴關係，以及賦予他們自主能力，可以讓他們變得有責任感。」談到園區內的生活管理，斯維尼特別強調信任和關係的重要性。

　　「如果沒辦法學會自律及自治，人就沒辦法改變，只要一離開這裡就又會回到原本的生活型態，那麼從外在施加的規定和限制是沒有用的。只有在這裡學會對自己負責的人，才有可能改變並成功戒癮，而我們輔導員就是要協助他們，讓他們知道這世界上還是有可以信任的人。」曾為個案的約翰表示。

為了讓個案能與人建立良好關係，為未來重新返回社會做準備，身為戒癮之家負責人的斯維尼在對外關係也下了不少功夫，「我們真的是一點一點地做，讓當地的居民知道我們的用心，以及瞭解是誰住在這個園區裡。」

除了住宿的個案，鄰近社區的民眾亦可入內自由活動，約翰表示，「我們想成為這個村莊的一份子，而不是一座孤島。」儘管成立之初受到社區不少阻力，但經過戒癮之家的職員不斷與附近居民溝通協調下，且以實際行動為社區付出後，經過一段時間，終於讓此敦親睦鄰的努力開花結果。

「我們最開心的，就是看見小孩子來園區內騎車和玩耍，讓我們的個案能與社區建立連結。因為，這就是他們能否復歸社會成功的關鍵。」在夕陽餘暉之下，斯維尼帶著笑容邊說邊對著前來散步的家庭揮手。

不只是養育小孩需要集結整個村莊的力量，在荷蘭戒癮之家可以看到，要讓戒癮者順利復歸社會，同樣也需要集結村莊眾人的努力與接納。

03

顏依涵

大象、貝兒與天鵝——德瓦倫紅燈區的多元樣貌

揚・歐騰：大象背後的熱心村民

2024年5月的某日上午，阿姆斯特丹的紅燈區舉行了一場告別式。莊嚴的黑色馬車停靠在紅屋劇院（Casa Rosso）正門前，上頭載著白色棺木。劇院標誌的粉紅大象，換成了哭泣的臉。

揚・歐騰（Jan Otten）走了。他在阿姆斯特丹的紅燈區經營數家成人劇院和酒吧，人稱紅燈區之王。從售票起家的他，直到80多歲仍在顧店，心願是「死在售票亭」。

如果把紅燈區想像成村莊，揚不但是資深村民，還很熱心。為了改善公廁短缺的問題，他開設了性感廁所（Sexy Loo）。門上播著挑逗的人物影像，模擬櫥窗招客的意象，提供獨特的如廁體驗，還設有無

障礙空間和尿布臺。

　　他的劇院也積極參與當地發起的「綠燈區」（green light district）計畫，在屋頂展開綠化行動。除了養各種苔蘚，由於阿姆斯特丹的麻雀數量正在迅速下降，這裡也設置了麻雀鳥舍和蝙蝠巢穴。

　　老教堂（Oude Kerk）旁的青銅雕像貝兒（Belle），是由附近的性工作者資訊中心（Prostitution Information Center，PIC）負責人設立，熱心的揚也提供贊助。束起馬尾、半倚著窗框的貝兒雕像底下，寫著「尊重世界各地的性工作者」（Respect sex workers all over the world）。

老教堂旁的青銅雕像貝兒。　　　　　　　　　　　　　　　葉珊　圖片來源

德瓦倫：除了紅燈區，還是多元宇宙的中心

德瓦倫（De Wallen），阿姆斯特丹著名的紅燈區。中央車站步行5分鐘，這裡承載了800多年的歷史，不只是性產業的聚集地，更是各式文化、歷史與日常生活的交匯點。形成了由居民、商家和遊客共同編織，充滿矛盾與多樣性的社區網絡。

如同鼎泰豐不只賣小籠包，德瓦倫也不只有紅燈區。此外，除了德瓦倫，阿姆斯特丹還有兩個紅燈區，分別位於 Ruysdaelkade 與 Spuistraat。這兩處規模較小，且大多是荷蘭籍的性工作者，適合說荷語的客群。

點開 Google 地圖，輸入「德瓦倫」，眼前會出現紅色虛線勾勒出的謎樣形狀。有人說像是一艘船、剖開的木瓜、缺角的臺灣，大膽一點的則說：好像女生的「那裡」。

儘管以櫥窗女郎聞名，這裡不只關於性。至少在德瓦倫，你可以找到佛光山的佛寺，城市最古老的托兒所，街上推著娃娃車的夫妻檔，還有趁中午遊客湧入前，趕去超市採買的居民。

你可能會想，這裡也能住人？德瓦倫約有 4,500 名居住人口。畫家林布蘭（Rembrandt van Rijn）可能是過往最知名的居民之一。他29至31歲期間的故居與畫室，如今是美麗的德亞倫咖啡廳（Café de Jaren），位在德瓦倫南方。從測量所（De Waag）沿著火繩槍手防衛堤（Kloveniersburgwal）往南走5分鐘，右手邊便是鼎鼎有名的荷蘭東印度公司（VOC）總部，現在是阿姆斯特丹大學（University of

Amsterdam, UvA）的校舍。

同志酒吧的先驅

德瓦倫北部靠港且鄰近車站，自古聚集移民、性產業與觀光設施。代表性的 Zeedijk，是城市最古老的街道之一，也是唐人街所在地。Zeedijk 在荷蘭文指的是「海堤」，另有個發音相似的中文名字叫「善德街」，展現了對華人社群的包容。

這條街上還有阿姆斯特丹歷史悠久的同志酒吧：於 1927 年開幕的曼傑咖啡館（Café 't Mandje），當年的店主貝特・范比倫（Bet van Beeren）號稱街頭女王。她會用屠刀霸氣割下客人的領帶，提醒他們：下班就是來放鬆的！這些領帶如今還掛在店內的天花板。

在同性戀不被接受的時代，貝特的咖啡館成為庇護，人們可以做自己，不必隱藏性取向。她在街區也以幫助窮人、兒童和老人聞名，常把賺來的錢花在慈善上，比方說讓皮條客帶老人去海灘。在納粹占領荷蘭期間，她也讓店裡作為抵抗運動的軍火庫，協助藏匿猶太人，並發放食物券。2017 年，紅燈區的一座運河橋便以貝特為名；作為城市寬容的象徵，她的酒吧更是被列入「阿姆斯特丹經典」（Canon of Amsterdam）[註1]。

居民與遊客的愛恨情仇

如果你在晚間從善德街沿著路標旁的巷子進去，將會看到紅燈櫥

窗和圍觀人潮，附近的巷弄 Spooksteeg 直譯為幽靈巷。1853 年夏天，據說街上有鬼在叫，連續十天，數千人在夜晚聚集趕鬼。

然而，對德瓦倫的居民而言，有時比鬼更可怕的，是遊客。

「拿出你的教養，不要當豬」、「應該比照新加坡政府開罰」、「人好多，在家出事救護車進得來嗎？」

走在街上，你會發現大型廣告看板上貼著居民的照片，上面寫著「我們住在這裡」（We live here）。這個由當地居民發起的計畫，是希望讓遊客注意到：這裡有住人！

紅燈區的街上有居民設置的看板窗寫著「我住在這裡」（I live here）。

圖片來源 顏依涵

對某些過客而言，一旦抵達以自由與寬容為傲的阿姆斯特丹，就像回家脫了襪子就扔，或是在泳池尿尿那樣。他們挑戰寬容城市的底線，放飛自我，做宗教和法律不允許的事。

為了控制酒醉和鬧事群眾，市政府祭出禁菸禁酒令。有居民為了避免人群亂丟垃圾，於是在家門前建造花園。在市民意見書上，卻也

有人喊道「這根本幫倒忙，垃圾反而更好藏」。要求人們有節制地狂歡，就像叫貓咪放棄抓老鼠一樣難。

稍稍幸運的是，白天的街上，有一群穿著螢光黃色背心的「清道夫」；他們手持長夾，穿梭在巷弄間「尋寶」。居民提到，這些人大多在服刑，跑來做社區服務，有人得意地說：「偶爾會撿到錢！」

警察和居民，有時也是行走的遊客中心。在某些地方，如自助洗衣店，你可以看到居民和遊客並肩而立。某天早上，我在德瓦倫的老牌洗衣店遇到當地郵差，他提到，送信時性工作者會請他喝咖啡，也幫忙分送郵件。另一位郵差也說，在這裡送信像解謎，像是紀念品店的T恤袖子常擋住門牌號碼。遊客常問他「西聯銀行（Western Union）的ATM在哪裡？」有一次，櫥窗女郎還問：「我的遙控器呢？」

除了郵差，住在運河旁的居民也有獨特本領——他們能從聲音辨別，掉進水裡的是腳踏車，還是喝醉的路人。在家門前停車時，有人會下意識豎起耳朵，一旦聽到沉重的噗咚聲，便奮不顧身跳水相救。

如果把德瓦倫的運河吸乾，你會撿到什麼？除了被風吹倒的腳踏車，可能還有手機。一些性工作者對於不尊重他們隱私的拍照遊客，會毫不客氣地把手機丟進運河（別忘了他們還有穿高跟鞋）。這讓運河成了科技墓地。

許多性工作者反對街區的監視攝影機，質疑資安隱私，不相信政府能妥善管理。也有居民表示：「比起攝影機，鄰里之間的關係才是治安關鍵。市中心貴到住不起，空房越來越多。」

玻璃兩側的世界

櫥窗對性工作者來說,可能比你想像中重要。

櫥窗不僅提供展演商機,也確保了性工作者的安全和自主權。對櫥窗女郎來說,吸引顧客是其次,更重要的是,如何挑選眼前經過的人。「我不會對沒興趣的人招手。可以透過玻璃觀察,哪些人是安全的。」她們的識人本領,可能連 FBI 都自嘆不如。窗戶隔絕了內與外,帶來了另類的溝通模式。每位工作者也發展出自己的櫥窗語言。

「鏘!鏘!鏘!鏘!鏘!」在南美性工作者聚集的西班牙角附近,有人隔著窗戶,用碩大的銀色戒指敲出響亮的節奏,成功獲得路人回頭;有人拿著腮紅刷揮舞,也有人僅僅用眼神對話。

入夜後的櫥窗,有時也很「blue」。有些跨性別性工作者會選擇點上藍燈。性產業的從業人員來自世界各地,不同年齡、背景和身分認同的人們,都能在這裡找到自己的位置,展現各自獨特的魅力。藍光並不完全代表跨性別者,卻也成為這個多元社區的一部分。

櫥窗的視覺特徵在 1930 年代才出現。在這之前,性工作者都是站在門前。由於警方不允許她們在外招客,才移到窗戶後面。在 1960 年代的紅燈區,窗內的景象與現在截然不同。當時,性工作者穿著較為保守的衣服,牆上掛著畫,房間內點著溫暖的黃光,彷彿進入了某人的客廳。她們甚至會煮咖啡招待客人,氛圍更像是家庭式的會客。

那些年,除了有窗戶清潔工,許多櫥窗裡都掛有一幅「哭泣的吉

普賽男孩」畫作。性工作者相信這會帶來好運和財富，像是臺灣曾經瘋傳的「美輪明宏」手機桌布。

在 60 年代，這裡有許多美國大兵駐紮，他們不僅是消費者，也是社區的風紀股長。性工作者雙胞胎姊妹馬丁娜與露易絲（Martine and Louise Fokkens）回憶道，每當街上發生爭端，大兵總會出手相助。現年 80 多歲的兩人，在戰後出生，是當地最年長的性工作者。在紅燈區工作了 40 年，如今已光榮退役，她們半開玩笑地說：「美軍應該要多來。」

兩姊妹也提到：「以前有個中央廚房，大家會輪流去煮飯給大家吃！」

性工作者雙胞胎姊妹馬丁娜與露易絲（Martine and Louise Fokkens）。

圖片來源 顏依涵

在那個年代，鄰居的孩子會在性工作者招客期間幫忙跑腿買東西，賺取零用錢。如今，大家可能不會一起在中央廚房做菜，但據說有類似 Uber Eats 的服務，還有流浪漢幫忙購物。「顧店」無論在過去還是現在都很重要，畢竟老闆就是招牌。現在的櫥窗女郎露出較多，上工後要外出不容易。她們必須脫掉高跟鞋，換成外出服，這可能會錯失生意。加上荷蘭的天氣很冷，出門還可能遇到客人，或被盯著看。

除了在櫥窗後工作的時間，性工作者也有自己的生活。有居民提到，孩子白天在超市看到她們時，驚訝地說：「姐姐有穿衣服！」據說，她們下班後通常會去稍微遠離紅燈區的街上喝一杯，就像大多數人不會選在公司旁邊放鬆和消遣一樣。對性工作者來說，也需要在工作之外找到一個舒適的環境，遠離工作的壓力和目光。

左教堂，右佛寺

德瓦倫不僅是櫥窗女郎的舞臺。在這裡，紅光與聖光相互輝映。老教堂和佛寺隔著運河相望，像是左右護法，庇護著紅燈區。

善德街旁的荷華寺（He Hua Temple），係由佛光山前來設立，裡頭供奉著觀世音菩薩。當寺廟於 2000 年落成啟用時，當時的荷蘭女王碧雅翠絲（Queen Beatrix）還親臨剪綵。

在德瓦倫東有佛寺，西有老教堂，性和宗教可以共存嗎？有個說法是，在教會抵達前，性工作早已存在，基於「先來後到」，要給予尊重。另一個說法是，教會睜一隻眼閉一隻眼，實際上是想拯救和教化性工作者與嫖客的心靈。

許多性工作者致力於推動去汙名化，也有人自稱是「性治療師」，對「拯救」的說詞大翻白眼。畢竟所謂的拯救，往往基於將性工作視為罪惡和汙穢的偏見。有人提到，老教堂比較像是活動展演空間，同志遊行期間，性工作者也在裡面辦派對。這展現出此地的寬容：我不認同，但我尊重。不同立場的人們在此成為鄰居，雖然鄰居可能想要拯救你。

　　在 1970、80 年代，上帝和撒旦甚至並肩而坐。這裡曾經有個撒旦教會，修女不穿衣服，儀式中用了很多香蕉——雖名為教會，實則為了避稅而登記成宗教組織的性愛俱樂部。在德瓦倫，光明與黑暗共存。也或許，黑暗只是人們自己想像出來的。

櫥窗燈暗：市政府針對紅燈區的政策轉折

　　「政府試圖把紅燈區和犯罪掛鉤，藉此把我們趕出去。」
　　「不要拯救我們，拯救我們的窗戶。」（Don't save us, save our windows!）

　　2009 年，市政府啟動 1012 計畫，旨在振興阿姆斯特丹歷史悠久的市中心，提升居民生活品質與城市形象。1012 出自德瓦倫的郵遞區號，計畫重點之一，是打擊紅燈區的人口販賣和犯罪。截至 2023 年，市府已關閉百間以上的櫥窗，並計畫將紅燈區遷到南部市郊，設立「情色中心」，建築模擬圖看似兩根不小心黏在一起的紅色螺絲釘。

　　這個計畫看似用意良善，但性工作者和居民大多不買單，認為這座情色中心的造型很糟糕，大樓隱蔽性及周邊安全也很有問題。其次，他們認為，人口販運問題並非不存在，但只是少數，政府和媒體卻過

度聚焦，將性工作者形塑成被迫下海的形象，這有失公允。他們也提到，政府以提升居住品質為由，實則對性產業抱持偏見，想將紅燈區趕出蛋黃區，這會加深汙名，且背後有經濟利益的考量。

性工作者資訊中心的志工表示，多數居民肯定紅燈區屬於社區的一分子。面對搬遷困境，居民也來詢問「有什麼幫得上忙」。面對人潮帶來的紛擾，有些人怪罪性產業，有些人則幫忙說話：「如果你抱怨紅燈區，就不該住在這裡」、「要移乾脆移到史基浦機場旁邊，多方便」、「問題在於鬧事者」。人潮帶來的紛擾不一定與紅燈區正相關，畢竟這裡靠近車站，人多事雜。住在觀光區，心臟似乎本來就要夠大顆。

為了呈現該區的豐富多樣，而非片面的負面形象，當地企業家於2023年發起德瓦倫節（Wallen Festival）。每逢六月底的週末，共有60多個地點舉辦免費活動，像是爵士表演、鋼管舞課、陶藝工作坊、二手店送小孩牛仔衣褲、刀具店的壽司體驗、居民導覽，還有和社區警察一起散步等等。活動發起者指出，德瓦倫就像城市的心臟，大家被此地歷史悠久卻又充滿活力的多樣性所吸引，且愛上這裡的大小故事。針對紅燈區搬遷的議題，他則認為，在這個多元的地方，每個角色都是平等的，要求任何人離開都不合理。

消失的天鵝與德瓦倫的未來

老教堂附近的超市窗戶上，貼著一則尋貓啟事。在紅屋劇院老闆揚・歐騰過世之後，運河中的天鵝也神秘消失。

據說，揚在生前買下這些天鵝。為了證實這個傳聞，我寫信給劇

院得到了回覆：

「這些天鵝不是他買的，是自己游來的！市政府在修橋，所以只剩幾隻留下來。我們每天晚上餵牠們，用的是專門的大型鳥類飼料，麵包對牠們不好。揚很喜歡這些天鵝，希望施工結束後，牠們能成群回來。」

或許，另一位劇院經理的說法更接近真相：「天鵝不會回來了。揚走了之後，真的不誇張，牠們全部消失了，一隻不剩，像是知道了些什麼。」

紅屋劇院。

圖片來源 顏依涵

除了浪漫的愛情，天鵝同時也是妓院的象徵。在未來，我們可能見證另一場告別式。紅燈區或許會離開德瓦倫，善德街成了宗教意義上真正的善德街。沒有了紅燈區，德瓦倫究竟會是沒有香菜的刈包，還是沒有珍珠的珍珠奶茶？

你很難在世界上找到比德瓦倫更日常且看似矛盾的地方。這個被外界標籤為紅燈區的區域，是阿姆斯特丹古老卻最具活力的心臟，混沌而有秩序。在這個古老心臟當中，無論是居民還是遊客，共同構成了深沉響亮的脈搏，形成獨特的生活節奏。善惡可能並非重點，人與人之間的連結、包容與付出才是。

開店前的紅屋劇院，鐵捲門上標誌的粉紅大象，用大拇指比讚，旁邊寫著「照顧好自己，也要照顧彼此」。（Take care of yourself, and each other.）

註1 「阿姆斯特丹經典」由荷蘭歷史學家皮特・德魯伊（Piet de Rooy）組織的獨立委員會於 2008 年編纂，記錄了 50 個代表性的城市歷史，市民可參與票選。2025 年，阿姆斯特丹市慶祝 750 週年並推出新版，由新委員會與市民共同編製。

04

黃又嘉

文創，回歸在生活

想到荷蘭文化，不曉得第一個在你腦袋中浮現的印象是什麼呢？梵谷、林布蘭、東印度公司、鬱金香、米飛兔⋯⋯這個問題大概問了 10 個人，就會有 10 種不同答案。但如果把這 10 個人放在一塊，透過各自不同經驗和觀察，我們也許可以稍微拼湊出對一個國家或文化的初步印象。

這就是文化的難以定義性。我們可以就經驗或歷史脈絡來感知一個文化的模樣，但文化的本質卻是有機和變化無窮的，這也是文化的豐富和創意之所在。聯合國對於「文化」也有著相當廣泛的定義：

「（文化為）⋯⋯屬於一個社會或群體一套獨有的靈性、物質，智性、和情感特徵。她不僅包含了藝術以及文學，也涵蓋了群體的生活方式、價值體系、傳統以及信仰。」[註1]

其實文化離我們很近。廣義上而言，我們的生活方式，時時刻刻形塑著我們所屬群體的文化。在核心層面上，文化的傳統和精神與人類的存在共生；人類存在起先，文化也隨之生成。在外顯層面上，人類的創意，不斷地透過藝術和各種表達形式，留下珍貴的紀錄。在藝術史的角度上，人類的創意活動洋洋灑灑地累積了幾千年的豐富資產。但為什麼今日在討論起文化藝術產業，很多時候我們卻只能想起文化園區、創意市集、文青咖啡，或是知名博物館留下的紀念海報和馬克杯呢？

那些豐富、絢麗、具有時間厚度和智慧的傳統，為什麼在遇到「文化創意產業」一詞之餘，就彷彿煙消雲散，被過濾成可供消費的經驗或裝飾品呢？

文創的標價與大量製造

文化與創意的產業化和概念化，其實是 20 世紀後近一百年來的事情。

二戰時期科技的演進，媒體傳播的成熟與後工業化的浪潮，都催化著文化創意產業的成形。將文化創意放在宏觀的經濟框架上來看，產業化將看似抽象的文化、創意，甚至是時代精神，以具體和物質化的方式包裝、生產，在今日網路和數位媒體的加速傳播下，無遠弗屆地帶到世界各角落。

被產業化的文化創意，自然也是可以被量化檢驗。荷蘭國家統計局（Centraal Bureau voor de Statistiek, CBS）在一份對荷蘭文化和媒體

產業進行的深度調查中指出，2018年荷蘭的文化媒體產業占了國內生產毛額(Gross Domestic Product, GDP)的3.5%，合計約265億歐元（26.5 Billion Euro，約9,300億新臺幣）。在就業人數上，2018年的文化和媒體產業從業人員，約占全國總就業人口的4.3%，其中大約有三分之一是自營業者（Zelfstandigen zonder personeel, ZZPers，簡譯為「沒有雇員的自營業者」）(註2)。

來過荷蘭旅遊的朋友大概過半數都朝聖過國家博物館，在人頭攢動的展覽大廳奮力踮起腳尖，一睹林布蘭震懾人心的〈夜巡〉；又或是好不容易預約到梵谷博物館的門票，在大排長龍之後終於可以浸淫在他絢爛和明暗交錯的色彩與人生故事裡。這些一票難求的藝術活動，和觀眾消費紀念品為博物館入帳的歐元總額，自然不斷為荷蘭文化媒體產業注入金流。但在家戶消費的角度上來看，媒體、表演文化和視聽影音，才是人們掏出血汗錢的前三項目；且與視覺藝術相比，媒體和視聽影音在近幾年來的供給表現，更有相當顯著的成長。

在此想顛覆以往對文化媒體產業的想像，在我們習以為常的視覺藝術之餘，以音樂表演文化這個類目，給予讀者另一個觀看文化媒體產業的角度。

文化媒體產業的旅外活動

除了在數字面以經濟活動的角度來看荷蘭的文化媒體產業，我們還可以從文化活動本身來一窺荷蘭文化媒體產業的樣貌。

逛完了博物館、市集、設計商店，夜幕低垂之際，若雙腳還有餘力，

不妨前往幾家酒吧和夜店，感受荷蘭夜晚的活力。幾杯黃湯下肚，伴著按摩耳膜的電音，讓許多歐洲人的夜晚達到高潮。荷蘭的音樂產業，在藝術家的國際活動上名列前茅。除了夜店，歐洲夏秋之際幾場一票難求的音樂祭，都為荷蘭的文化媒體輸出打造絕佳的舞臺。

根據長期觀察荷蘭藝術家旅外活動的機構「荷蘭文化」（Dutch Culture）發布的資料，荷蘭文化藝術在出口的活動數量上，以音樂演唱會遙遙領先其他項目，電影和表演活動則列居二三名。荷蘭文化藝術活動的出口除了以德國、美國和比利時為前三大出口國家之外，也不令人意外地大量集中在國際型大都會如柏林、巴黎、倫敦、紐約、和東京(註3)。

以推廣荷蘭流行音樂為宗旨的機構 Buma Cultuur 在一份對荷蘭流行音樂研究指出，在 2023 年荷蘭音樂演唱會的出口總產值高達到 1 億9,800 萬歐元，其中有 77% 產值來自於荷蘭境外的現場音樂會演出，其中又以電音舞曲為大宗(註4)。

音樂演唱會除了時間短暫（通常一場演唱會幾小時就結束），重複性強（同一個團體的演出可以好幾場），比起藝術展覽通常一次性地展出就好幾個月起跳，當然也加強了藝術家活動的頻繁程度。但我們不禁好奇地問，荷蘭電音文化紅遍世界的魅力究竟在哪裡呢？

看不見但聽得到的全人感官體驗：荷蘭的電音文化

若你問問荷蘭音樂愛好者行事曆上每年春末到秋初不可少的活動，八九不離十大概會看到音樂祭的身影。世界知名的阿姆斯特丹電子音

樂節（Amsterdam Dance Event, ADE）除了在每年秋天以一週上千場的演唱會累積數十萬的造訪人次，也是荷蘭電音界大咖 Tiësto、Martin Garrix、Armin van Buuren、Afro Jack 等必訪的舞臺。

荷蘭電音（Electronic dance music, EDM）大致從90年代開始生根，普及的酒吧和夜店文化為新起 DJ 之秀鋪陳了鍛鍊發展的舞臺，加上廣播電臺 538 以每週節目 Dancesmash 的傳播，都將荷蘭電音逐漸推陳到國民的日常生活。基於國土精小與密布的公路和大眾運輸網絡，讓演唱會和音樂節在國內各地觸及可觀的受眾，供給和需求互相加成，荷蘭電音在 2000 年後逐漸蓬勃成熟（註5）。

今日，這些享譽世界的音樂祭已成為電音愛好者的一種生活方式。在歐洲的白天漸漸變長，人們從室內往戶外公園和咖啡露臺移動的同

2022 年於 Biddinghuizen 舉辦的音樂節：Defqon.1 Weekend Festival。

By DELTAFXUniverse - Own work, CC BY-SA 4.0, https://commons.wikimedia.org/w/index.php?curid=119897425

時，這些音樂祭造訪常客的手臂上，也開始集滿一條條的入場識別證。音樂祭當然不只有音樂、社交、酒精，各種飲食攤位、周邊商品、展覽活動論壇、舞臺燈光等，構成了一條條成熟的價值鏈。在震撼與迷人的五感體驗下，音樂祭不僅是為荷蘭、更是為歐洲春末到秋初季節增添了不一樣的色彩。

荷蘭電音產業的蓬勃發展，就以這種內需外銷兩全其美的方式，滿足內需的同時，也透過強大傳播力，不斷向世界放送荷式軟實力。

回頭思考文化媒體產業：回歸生活

荷蘭電音可以無遠弗屆地傳遞到世界各地，除了受惠於音樂本身媒介的特性，更歸功於背後一整個健全產業系統的支持。以荷蘭電音作為文化創意與媒體產業發展的案例，也許可以讓我們在將臺灣文創推廣到國際的趨勢需求下，帶來一點靈感。

臺灣文化有著豐富的歷史、風俗，自然和移民色彩，加上新創品牌常有對品質和創意的堅持，其實有著相當堅強的底氣和多元發展的空間。把文化創意放在產業的框架下思考，也許可以進一步思考的是：文化創意與媒體，在生活中的角色是什麼？產業既然要成功，商品背後是否具有足夠的資源來支持一個完整的價值體系？有沒有可能建立起一個相關服務或生產系統的生態系？畢竟產業的蓬勃，除了創作源頭的土壤豐沃度，還需要整體價值系統的成熟和支持。當人們不斷地以生活方式在形塑當代文化的同時，我們是否能為文創商品和其背後附加的價值，在生活中找到適切的位置。

一個產業的發展，過程中需要刺激與碰撞，也許文創媒體產業發展到最後，還是得歸回生活。期盼這篇文章，透過簡單梳理荷蘭文化媒體產業的樣貌和具體案例，提供我們一個新鮮的角度去思考：究竟我們理想的生活樣貌是如何？也許在我們一面想像、一面發展出理想生活的過程當中，也漸漸地成就一個生態系的開展與延續。

註1　資料謹參考荷蘭國家統計局：(CBS, Centraal Bureau voor de Statistiek)，Satellite account for culture and media 2018:How culture and media contribute to the Dutch economy。

註2　目前網路可參考詳細的荷蘭文化創意產業資料來自於荷蘭國家統計局 (CBS, Centraal Bureau voor de Statistiek)，Satellite account for culture and media 2018, 11-10-2021。由於此份資料將荷蘭文化創意與媒體產業併談，相當程度影響本文撰寫的走向，此與臺灣文化創意產業的定義稍有不同，對臺灣文創產業資料有興趣的朋友，則可以進一步參考《臺灣文化創意產業發展年報》。

註3　資料謹參考：Dutch Culture, Datbase mapping 2022。

註4　Buma Cultuur, Exportwaarde Nederlandse Populaire Muziek 2003。

註5　資料謹參考：Playbpm, Why are there so many dutch djs in the electronic music industry, 14-11-2017。

05

陳玫妏

南狂歡・北牧原，荷蘭也會戰南北

每年 10 月 31 日萬聖節前夕，許多西方國家的人民都會精心打扮成各式鬼怪，逐家逐戶敲門上演「不給糖、就搗蛋」的戲碼。不過，「萬聖節」這個由天主教傳統與凱爾特人信仰所混融形成的節日傳統，並未在荷蘭風行。即使是在荷蘭南方天主教信仰濃厚的地方，也未見盛行。在北方以新教傳統為主的區域，更沒有這種氣氛。

在荷蘭，要感受萬聖節，除了學校在節日前後給孩子們玩玩扮裝，就只能到主題遊樂園裡體驗。荷蘭南北的差異除了有地理因素，更有來自宗教分立與多元語言的影響。本文透過荷蘭一南一北兩個省分的對照——東南的林堡省（Limburg），與西北的菲仕蘭省（Friesland）——來淺談荷蘭的南北差異與地域主義，並看看荷蘭（4.1 萬平方公里）這個與臺灣（3.6 萬平方公里）面積差不多大的國家，如何因應由於歷史與宗教因素所創造出的多元語境。

狂歡的南方

每年約於二月在荷蘭南部被稱為「河以南」（onder de grote rivieren）區域所舉行的「嘉年華會」（Carnivals），是南方標榜其地域特性的重要慶典，其中又以林堡省省會馬斯垂克（Maastricht）所舉行的最為著名。這個原本為一歐陸民俗節慶的活動，後來被天主教教會吸收，並在標示大齋期（Lent）開始的聖灰星期三（Ash Wednesday）之前，連續舉行三天。嘉年華會原是為了讓民眾能在長達 40 天的齋戒前，趁機大吃大喝一番，但如今節慶的宗教氣氛淡了，其核心更多圍繞在翻轉社會既定結構的扮裝表演上。

荷蘭南方的嘉年華會。

廖珮馨

「馬斯垂克」在這時也會暫時以當地方言—Mestreech—被稱呼。

對南方城市這麼重要的慶典，在荷蘭西北方的大城市裡，像是阿姆斯特丹、鹿特丹等，卻絲毫無感。他們甚至認為這只是南方「天主教徒做的壞事」（paapse stoutigheden）。荷蘭以「慶祝嘉年華會」與「不慶祝嘉年華會」所做的南北區域劃分，至少可溯源到五百多年前。當宗教改革最終促使新教教派的創立後，當時的低地國家（亦即現今的荷蘭和比利時），便逐漸區分出以新教信仰為主的北方（荷蘭），與以天主教信仰為主的南方（比利時）。

位於荷蘭國境之南的林堡省，東與德國接壤，南與比利時相鄰，省內以天主教為主要信仰，本身極具有國境之交獨特的魅力。荷語、德語、比利時腔的荷蘭語，加上林堡省當地講的林堡語，更讓人在漫步馬斯垂克街頭時，多了一份多語紛呈的國際化感受。而在這裡的荷蘭人，在國家認同上更是彈性到說換就換。

2016 年在荷蘭國家足球隊以 2 比 3 輸給捷克隊，無緣晉級歐洲盃踢球後，有位無法眼睜睜看著足球熱商機在眼前流逝的酒吧老闆，於是突發奇想，申請改換國界線，將酒吧插上比利時國旗，為晉級比賽的比利時隊加油！這家位於馬斯垂克市，名叫 Café de Pepel 的小酒吧，距離荷比邊境只有 200 米，隔壁是比利時的里姆斯特市（Riemst）。為了讓鄰國比利時人能正大光明來這裡喝啤酒看足球，這家酒吧老闆在歐足盃前夕，向里姆斯特市市長申請，將象徵性的國界碑往酒館方向移動 200 米，放到自家門前。而這一小塊荷蘭領土，也就在 2016 年歐洲盃踢球期間，暫時成為比利時領土。

荷蘭南北區域的差異也反映在語言上。根據語言學家哈根

（Hagen）和吉斯伯斯（Giesbers）（1988: 32）的研究，在荷蘭「河之北」的地區，當人們發荷蘭語中的 g 時，音較「硬」，而在「河之南」地區，發 g 時，音較「軟」。整體來說，「河之南」地區的居民所說的標準荷蘭語，聽起來更悠揚，像唱歌一般。也因此，馬斯垂克大學的語言人類學家蘿特・提森（Lotte Thissen）（2013：119-143）在她一篇〈模糊的林堡性〉（The Ambiguities of Limburgerness）的論文中便呼籲：

「我們有必要重新關注像是林堡省這些周邊地區，地域歸屬感如何以較小的規模形成。我認為荷蘭的多元文化社會不是，也不應該只是（後）移民問題。……我的研究強調，區域的差異與跨地方的流離失所感，可能是與國家認同一樣重要的議題。」

除了林堡省，在荷蘭幾乎與國家認同一樣重要的地域主義，表現最強烈的莫過於北方的菲仕蘭省（Friesland）。

牧原的北方

荷蘭這個不到 4.1 萬平方公里的西歐小國，擁有許多世界的頂尖企業與知名品牌。常被誤認為是美國啤酒的「海尼根」，以及「飛利浦」、ING、「殼牌石油」等，都名列其中。此外，還有許多人自小喝到大，由荷蘭皇家菲仕蘭公司所生產的「菲仕蘭牛奶」。

「啥？『菲仕蘭』原來是荷蘭的啊？我還以為是紐西蘭呢！」

這是許多朋友在聽到「菲仕蘭牛奶」原來源自荷蘭後常見的反應。但「菲仕蘭牛奶來自荷蘭」這樣的說法，卻可能得不到菲仕蘭省

（Friesland）居民的認同。作為荷蘭北部以畜牧業為主的省分，從某種意義上來說，菲仕蘭省很像是生活在荷蘭這個大家庭中，為追求更多主體性，而不時鬧著要離家出走的青少年。這由1962年菲仕蘭民族黨（FNP, Fryske Nasjonale Partij [西菲仕蘭語]）的成立，以及其主要訴求為希望給予菲仕蘭省更多的自治空間，並對西菲仕蘭語予以保護與認可這一點上可以看出。在我某次造訪一位居住在菲仕蘭省的古物收藏家時，便充分感受到對方以身為菲仕蘭人為榮的強烈情感。

四處望去皆為綠草茵茵田園景觀的菲仕蘭省，是荷蘭人口密度最低的省分，在當代除了以生產優質的牛奶著名，在歷史上更曾有法蘭克人（Franks）、荷蘭人（Dutch）、佛萊明人（Flemish）、撒克遜人（Saxons）、瓦隆人（Wallonians）等不同人種到此居住開發，因此在當地留下多到數不清的語言與方言。在2018年當選為「歐洲文化首都」的荷蘭城市呂伐登（Leeuwarden），是菲仕蘭省省會，也是歐洲，甚至全世界大城市中，歷史上名字寫法經歷過最多變化的城市。

根據金氏世界紀錄，呂伐登自十世紀起迄今，其寫法便有驚人的225種變形。呂伐登百名城市的形成，不僅有其地理、歷史的因素，更重要的還有語言的變數。根據呂伐登歷史中心（Historical Centre Leeuwarden）城市史學家亨克‧奧萊（Henk Oly）的說法，「在1804年前，這個城市名還沒有正式的書寫形式，每個人各以他們習慣的發音方法來拼寫。你可以寫Ljouwerd或是Ljouwert，因為結尾的d和t的發音一樣。或是寫成Lyouwerd、Ljouwerd或Liouwerd，因為它們唸起來也是一模一樣的發音。」

由於該地存在豐富的語言與方言，除了荷蘭語的寫法Leeuwarden、菲仕蘭語的寫法Ljouwerd外，還有透過該城特有方言

Liwwadders 所寫的 Leewwadden 與 Liwwadden。讓情況更複雜的是，在歷史上，許多學者以拉丁語稱其為 Leovardia，而現在在菲仕蘭省的其他地區，還以 Luwt 來稱呼它。此外，加上語音的變體，讓該城市名字的拼法因此暴增。

作為荷蘭 12 個省分中，唯一受到荷蘭政府認可，具有自身語言的菲仕蘭省，在保護省內 54.3% 居民所說的西菲仕蘭語，可謂不遺餘力。西菲仕蘭語不僅是與標準荷蘭語並行的官方語言，更是國小到高中學校教育中的必修課程。居住在此的父母，在孩子出生時，會收到一份政府關於如何教導孩子說西菲仕蘭語的「語言包」（Taaltaske）。而該省政府更在各個領域鼓勵以西菲仕蘭語進行的藝術創作、學術研究與語言教育。菲仕蘭人不僅以其暢銷全球的優質奶製品自豪，更深深以身為菲仕蘭人為傲。

誰來敲敲門

任何國家、地區的邊緣社群都可能需要在語言、文化與資源，面臨如何敲開與主流社會／政體溝通的大門，彼此斡旋、協商並取得平衡發展的問題。荷蘭南北的差異在突顯普世皆存的地域主義之餘，也同時展現其南方邊境靈活的認同歸屬，北方省分與主流社會兼容並蓄的語言政策，和宗教與歷史在形塑當代荷蘭社會版圖上的深遠影響。

荷蘭雖不真的過萬聖節，但這裡卻不乏挨家挨戶的「敲門」傳統。在我所居住的中部小鎮裡（位於聖經帶上），來敲敲門的除了家人、朋友和快遞，可能還有：想幫忙鏟雪並賺點小零用錢的鄰居孩子、各種募款單位、宣傳上帝福音的教會團體、開小車兜售有機水果的果農……

等。這些家門口的意外訪客,是不論在荷蘭南部、北部或中部的小鎮,都能看到的一種超越地域主義的小鎮風情。我很好奇,下一次來我家敲門的,又會是誰?

參考文獻

Hagen, Anton, and Herman Giesbers,《荷蘭社會語言學的方言研究》(Dutch Sociolinguistic Dialect Studies). International Journal of the Sociology of Language 73(1988):29-44.

Thissen, Lotte,〈模糊的林堡性:荷蘭林堡省的語言、地方與歸屬〉(The Ambiguities of Limburgerness: Language, Place, and Belonging in Limburg, the Netherlands),The Netherlands Now, 25/2(2013):119-143。

06

宋致誠

妥協的藝術——
協和式民主作為一種借鏡

按：2021年荷蘭國會大選前，三位不同背景的荷蘭年輕人：文森（Vincet）[註1]、李克（Lieke）[註2]與耶瑟（Jesse）[註3]共同擔任「Oranje Express荷事生非」與「哲學星期五@荷蘭」共同舉辦之「來聊荷蘭政治：2021國會大選和其他好奇的事」線上座談會之與談人。以下，本文將透過這三位積極參與荷蘭政治的青年分享，瞭解近年荷蘭政治與社會的變化[註4]。

協和式民主下，大小黨如何確保共識的產生

若想瞭解荷蘭的政治，可以從聯合政府的運作開始談起。荷蘭的多黨制政治系統，一般稱之為「協和式民主」（consociationalim）。這是一種權力共享的政治系統，讓代表不同利益、族群與社群的政黨透過妥協的方式達成共識。

這種體系，也可說來自荷蘭獨特的地理環境。耶瑟過去曾擔任過委員的「水利委員會」，恰好就反應這個特色。由於荷蘭許多地區低於海平面，縱橫交錯的水利建設網絡，構成今日的荷蘭地景，也是人民居住安全的重要基石。因此，負責水利設施維護的水利委員會，在地方上具有十分重要的影響力。換言之，水利委員會是荷蘭歷史發展出來的特有地方組織。也是因為這樣的地理特性，使得在歐洲其他地區（例如：中世紀的英國）由貴族控制的大莊園制度無法在荷蘭擴張。我們也可以說，荷蘭的民主，就建立在地方人民維護自家水利建設的基礎上^(註5)。

　　在荷蘭 20 世紀的政治發展歷程中，柱狀（zuilen，英文：pillars）社會體系是另一項重要特徵。在 20 世紀中期，荷蘭人大部分過著分化的生活。例如一個支持天主教政黨的人，可能一輩子都活在過著類似生活的人群中，看一樣的電視節目、閱讀挺天主教政黨的報紙、上支持天主教政黨的教會^(註6)。因為人們都是生活在這樣的分化社會中，共識無法直接透過選舉形成，使得政黨間的妥協顯得更為重要。

　　柱狀的社會，也造成荷蘭小黨林立的局面。李克就指出，共識決在荷蘭很重要，即使在聯合內閣外，小黨也能透過提出或反對議案來影響執政聯盟，執政聯盟也因此需要尋求小黨支持。例如，2021 年選舉後，對氣候議題相當重視的社會自由主義政黨「民主66黨」（D66），因表現優異而進軍聯合政府，但在氣候政策的推動上，仍需要與國會中的在野政黨「綠色左翼」（GroenLinks）合作。耶瑟也補充，政黨林立下，政治議案因而需要更多時間進行討論與協商，進而帶動社會各階層討論重要議題的熱潮。在協商式民主中，小政黨也能學習如何與其他大政黨互動。

多黨林立的政治體制，也造就出荷蘭人民與臺灣人民完全不同的政治參與風氣。臺灣政壇一向由少數一、兩個大黨壟斷，導致選民更重視如何讓自己支持的政黨勝出。至於多黨林立的荷蘭內閣制，即使過去十年來一直由「自由民主人民黨」（VVD，以下簡稱自民黨）組閣，但在荷蘭小黨林立的生態下，單一政黨難以在下議會取得過半席次，具有組閣資格的自民黨也必須與其他政黨共組聯合政府[註7]。因此，各政黨都在堅持自己的核心價值下進行政策角力，不同的合縱連橫方式都可能大大影響政府最終的施政方向。簡單來說，荷蘭協和式民主的運作，讓政治議程不會只有少數兩三個選項。

2018 年荷蘭地方市議會選舉的海報看板。

圖片來源：陳亮宇

轉變中的荷蘭選民：
理念主導投票 v.s. 習慣主導投票

文森、李克和耶瑟都認為，荷蘭的選民這些年來的投票行為與過去相比有了很大的變化，尤其是年輕人。可能因為網路普及與快速的資訊流通，人們越來越傾向以理念而非傳統依照習慣支持政黨的模式投票，造成今日選民在政黨的選擇上流動性更大。其中影響的因素可能有現實的考量，也可能是受到某些魅力型政治領袖的影響。

李克提到，綠色左翼在氣候變遷議題的倡議與社會平等保障上的理念為其吸引選民的重要拉力。但人們卻可能因為小黨獲得席次的機率不高，而對是否把票投給小黨猶豫不決。選民在策略性的考量後，可能會把選票投給心中第二或第三名的政黨。舉例來說，綠色左翼是由荷蘭過去的四個左派小黨合併組成的政黨。2017 年，綠色左翼在極富魅力的年輕黨魁克拉佛（Jesse Klaver）領導下，在下議院選舉中斬獲 14 席。不過，在 2021 年的大選中，許多本來在 2017 年選舉支持綠色左翼的選民，選擇改投給民主 66 黨，綠色左翼的席次又退回個位數。因為他們希望贏面較佳的民主 66 黨可以獲得較多席次，更有機會與自民黨共組聯合政府，對施政直接產生影響。

耶瑟認為即便有上述的社會變遷，出身地區與成長背景至今仍是影響大多數荷蘭選民的重要因素。例如出身於鄉村的他，會推薦其他人投民主 66 黨，但自己仍會選擇支持基督教民主黨（CDA）。候選人的特質也有所影響。例如在 2017 年的大選中，很多女性因為克拉佛（Jesse Klaver）的個人魅力選擇投給綠色左翼，或是很多人因為呂特（Mark Rutte）而支持自民黨。

開放的政黨運作：
如何創造民眾參與及其潛在危機

相對於臺灣政黨派系運作的模式，荷蘭政黨的運作通常有更透明的治理規範與民主參與的機制。以荷蘭的傳統大黨工黨（PvdA）為例。工黨的政策提案一開始會交由各委員會擬定。當政策白皮書初稿完成後，會發給所有黨員，由黨員們投票決定。在決定過程中，黨員也可以提出修改建議，如果超過一半以上的黨員投票支持該提案與接受修正案，則該提案就會通過成為當次選舉的政黨政策(註8)。

小黨也不例外。李克說道，開放治理與參與是綠色左翼本身的重要理念之一。一開始，黨內會先開放議題讓所有黨員討論，而黨員可以針對政黨擬定的政策提出修改建議，若獲得附議，就可以調整黨的政策。但開放參與的背後卻也深藏危機。例如太透明的決策過程，會使得利益團體望之卻步，寧願捐錢給主流政黨，而不會花太多力氣去遊說綠色左翼。另外，雖然綠色左翼本身開放多元，但在這次選舉裡，卻流失了很多女性與少數族群的選票。李克認為，在強調各族群皆能平等參與的表面下，少數族群的聲音不見得都能被納入決策。因此在經過此次的敗選後，她希望黨能夠更積極地聆聽少數族群的聲音，而不是被動地等待他們發言。

同樣地，基督教民主黨內部也有多個次級團體，例如青年委員會。各委員會會先選出適合的選舉議題，並在大會中提案。在各個工作團體提出議案後，黨員將投票決定該議案是否成為政黨選舉時主攻的政策。不過，由於基督教民主黨主要的選民由鄉村的農民組成，他們通常擁有一致且明確的目標，例如反對課徵糖稅。這種主要選民幾乎等

同於黨的黨員結構，讓外部勢力不容易影響黨的運作。但這些年來，基督教民主黨與其他保守政黨一樣，都面臨黨員單一化以老年白人男性為主的凋零危機。

結語

在民主運作和政治參與上，荷蘭作為多元小黨林立的內閣制國家，有其獨特的歷史脈絡、族群組成與生活方式，以及從中發展出來的協和式民主。不同於臺灣，妥協兩字在政治意涵上往往有著負面的意涵，在荷蘭，妥協卻是他們自豪的民主象徵。在全球政治極端化越來越嚴重，政治人物喜歡以網路聲量獲取支持度，民粹主義式地製造對立，似乎比起妥協，這樣做更能爭取到政治資本。即使今日的荷蘭（按：2024 年 7 月），也將由極右派政黨組成聯合政府，更別說這些年來，臺灣的國會也深受政治對立所苦。如何找回這種「妥協的藝術」，一種透過尊重與讓步創造出的協商式民主，讓它成為解決社會過度對立的一種運作方式，是值得我們深思的問題。

註1 文森來自新疆。作為亞裔第一代及本身關注 LGBT 權益的緣故，2021 年時，他在荷蘭工黨（PvdA）擔任多元文化委員會的主席，但他同時也認為，自己的背景和政黨的結構，可能會限制他在黨內進一步發展的機會。

工黨是荷蘭重要的左派政黨，在傳統上為主流政黨之一，過去也曾取得執政機會。但這些年在荷蘭漸增的移民和全球化的趨勢下，漸漸流失過去賴以為基礎的工人階級選民。在 2021 年春天舉行的荷蘭下議院選舉中，工黨只取得 150 席中的 9 席。

註2 由於父母均為社會運動的積極參與者，李克自小受家庭的耳濡目染，加上在學校裡體會到學生間的貧富差距，種種因素在她心中埋下想要推動社會平等的種子。她努力地認識與學習社會議題，並嘗試找到自己的戰鬥位置。不過對於政治，李克雖然是許多組織的支持者，但仍謙稱自己目前還只是個探詢者，政治參與只屬於興趣之一。她認為自己不是只想參與政治，而是想看到改變。

對李克來說，參與政治是為了改變。也是基於此一信念，她選擇加入組織結構較為平等且強調開放參與的綠色左翼。2021 年時，她是阿姆斯特丹市政府的顧問，也是綠色左翼在烏特勒支（Utrecht）的黨部成員。

註3 耶瑟隸屬於基督教民主黨（CDA）。這是屬於保守派的政黨，在荷蘭對保守右派擁有不小的影響力。在 1980 年代，基督教民主黨曾經長期主導聯合政府的執政，其支持者多是荷蘭鄉村的農民。出身自鄉村的耶瑟承繼家族傳統，自年輕時即參與基督教民主黨至今。2021 年時，他已擔任 Rijnland 地區水利委員會委員超過 4 年。

雖然支持偏保守的基督教民主黨，耶瑟本身卻有顆開放的心。就算他本身支持多元族群平等，但還是認為在社會變遷的過程中，鄉村老一輩的聲音需要同理傾聽。

註4 有興趣者，可在荷事生非網站找到原文：https://www.oranjeexpress.com/2021/04/27/ 妥協：荷蘭的協和式民主如何塑造人民的政治參與 /。

註5 有興趣者，可參考荷事生非網站的文章：郭騰傑 Jerry Kuo，2015，〈荷蘭水利會——窪地、妥協與選舉〉，https://www.oranjeexpress.com/2015/03/13/ 荷蘭水利會——窪地、妥協與選舉 /。

註6 有興趣者，可參考荷事生非網站的文章：陳亮宇，2017，〈解讀 2017 年荷蘭大選結果（下）：從三大政黨家族到充滿小黨的大平臺〉，https://www.oranjeexpress.com/2017/04/04/ 解讀 2017 年荷蘭大選結果下 /。

註7 例如，2021 年大選後組成的聯合內閣，共包含四個政黨：自民黨（VVD）、民主 66 黨、基督教民主黨（CDA），以及基督教聯盟（CU）。

註8 有興趣者，可參考荷事生非網站的文章：黃又嘉，2017，〈黨中民主——荷蘭 CDA 黨員大會第一手直擊〉，https://www.oranjeexpress.com/2017/02/21/ 黨中民主——荷蘭 cda 黨員大會第一手直擊 /。

07

郭騰傑

少一點！種族仍然是禁忌

在政治光譜中屬於極右派的荷蘭自由黨（Partij voor de Vrijheid，以下簡稱 PVV），其黨主席：希爾特・威爾德斯（Geert Wilders）於 2014 年 3 月地方選舉後的演講，在荷蘭政壇投下震撼彈。他表示，希望海牙（荷蘭政治首都）可以「少一點摩洛哥人」，他把問題丟給現場支持者：「我們要多一點摩洛哥人，還是少一點？」他問。支持者大吼回應：「少一點，少一點，少一點！」

這個發言在荷蘭掀起一場爭論，除了感受到種族劃分的恐怖氣氛，更令人納悶的是，荷蘭這個包容的國家怎麼有人敢明目張膽地挑戰種族禁忌？其他政黨見獵心喜，開始圍剿譴責威爾德斯，說他這次真的越界了。的確，從選舉結果和相關的新聞報導來看，PVV 的民眾支持度受到相當程度的打擊，許多 PVV 黨員也宣布退黨。

不過，這不是 PVV 第一次有這種言論，威爾德斯這次的發言似也

不一定宣告了 PVV 的滅亡。

語不驚人死不休的威爾德斯

威爾德斯的選舉語錄，向來語不驚人死不休。2010 年荷蘭國會選舉，剛成立不久的 PVV 在國會總席次 150 席中豪奪 24 席，奠定在全國政壇的影響力，威爾德斯在開票當晚告訴支持者：「不可能的事情發生了！我們奪下 22 席（開票尚未結束）！」更信心滿滿地說，「明早我們就要召開黨團會議，PVV 的巨木就要衝破國會的大門了！」

這場選舉讓 PVV 得以與其他兩大黨合組內閣，但兩年後的 2012 年秋，他發動倒閣，並強烈指責總理馬克·魯特（Mark Rutte）有「歐盟癖」，為了迎合歐盟什麼都幹得出來。倒閣這場政治突襲帶來的 2012 國會改選，結果卻沒能讓 PVV 和威爾德斯更進一步，席次數不進反退，只獲 15 席。威爾德斯當晚表示：「聽到消息我差點從椅子上跌下來。」但他不失樂觀地說，「我要告訴大家一個好消息：13（開票尚未結束）是我們的幸運數字，我們肯定會強勢反彈！」

而 2014 年的地方選舉，威爾德斯造勢時其實已為即將登場的驚人發言打造完美舞臺。他先在市集拜票時不斷重申 PVV 標榜的「反外來移民」理念，在國會裡發言表示「摩洛哥人得到補助的比率很高、犯罪率卻也很高，我們希望這兩者可以少一些。」就此來看，威爾德斯在選後會發表「少一點摩洛哥人」的言論也不是那麼意外了。

然而，他與所領導的 PVV，最好的時光似乎已經過去：國會選舉從 2010 如日中天的 15.4% 得票率，跌到 2012 年只剩 10% 出頭；擇其

所長的地方選舉，2014年得票率和2010年相比也狂跌七成。儘管如此，PVV鎖定的主戰場——也就是荷蘭政治中心海牙，席次卻未受太大影響僅減少一席，仍雄踞海牙第二大黨。這自然也讓聲勢逐漸下滑的威爾德斯得到一點精神鼓勵，進而說出那句驚人之語。

威爾德斯。

圖片來源

By Vox España - https://www.flickr.com/photos/voxespana/54319250205/, CC0, https://commons.wikimedia.org/w/index.php?curid=160327938

荷蘭社會的燙手山芋：移民議題

荷蘭新聞周刊《Elsevier》針對威爾德斯的爭議性發言一事尖銳指出，事實上荷蘭其他政黨也不希望有更多摩洛哥人，但沒人想扮黑臉。證據是，早在7、80年代，所有的政策都已開始縮限摩洛哥與土耳其移民，不過沒有任何政治人物想公開與「多元文化」唱反調。根據《Elsevier》的報導，其他政黨其實很偽善，因為摩洛哥人讓所有政黨頭疼，希望摩洛哥人少一點的，絕對不只PVV。

的確，威爾德斯語破天驚道出的，不只是PVV具爭議性的政治態度，更是荷蘭社會中的「種族禁忌」。在荷蘭、甚至放諸歐洲，種族

都是十分敏感的話題。受到二戰影響,至今荷蘭的人口族裔調查,仍不會統計猶太人,這已充分顯示種族的禁忌程度。直到 90 年代為止,荷蘭都還沒有政治人物敢跳出來直接討論某些新移民族群,和其居高不下的犯罪率。這一切直到傳奇人物——皮姆・佛陶恩(Pim Fortuyn)出現,才漸漸「解放」了荷蘭群眾在社會輿論中針對特定族群討論的膽量。

在鹿特丹開始政治生涯的佛陶恩,勇於公開指出許多新荷蘭人的融入徹底失敗,這個想法被威爾德斯「繼承挪用」。2002 年國會大選前,佛陶恩自行組成的「佛陶恩黨」(Lijst Pim Fortuyn, LPF)聲勢浩大,民調顯示他極可能當選總理,卻不幸於選前 9 天上廣播節目後遇刺,享年 54 歲。這是荷蘭近四百年來首次政治暗殺,也大幅影響了荷蘭接下來十幾年的走向;群龍無首的「佛陶恩黨」因而在最後關頭丟掉了問鼎總理的可能,溫和的中間偏右政黨「基督教民主黨」(CDA)趁勢崛起,並開啟八年執政。佛陶恩至今已逝世超過 20 年,但感念他挺身而出並因此犧牲生命的群眾卻與日俱增,加上他的同志性向,使他在荷蘭政治史上獨樹一幟。2012 年,摩洛哥裔的鹿特丹市長阿布塔利布(Ahmed Aboutaleb)出席佛陶恩逝世十週年追思會時,也宣稱他的死是鹿特丹的「巨大損失」。

儘管佛陶恩曾公開檢討伊斯蘭教義,也因此惹來殺身之禍,但在移民政策上,佛陶恩並不主張將非法或犯罪的移民遣返回母國、應另想對策,這點卻和更加激進的威爾德斯大相逕庭。弔詭的是,威爾德斯也反對眾人將他與佛陶恩聯結在一起。九一一事件發生當年他就曾說,自己並不反對伊斯蘭教,但反對伊斯蘭恐怖主義,「這和佛陶恩一竿子打翻一條船不一樣」。不過,這些年來威爾德斯變本加厲,2006 自行創立 PVV(這也仿效佛陶恩),還將 PVV 的路線設定為「反伊斯蘭

黨」和「反歐盟黨」，2007年親自執導飽受爭議的紀錄片《Fitna》，自然也讓政敵戲稱他得了「伊斯蘭恐懼症」。

荷蘭政論家菲利克斯・羅滕伯赫（Felix Rottenberg）出席政論節目公開呼籲，荷蘭其他政黨應對PVV進行「政治隔離」，並建議眾黨魁「徹底忽略PVV的要求」，因為國會裡有太多政黨和他們合作，才讓他們在民意漸失時依舊暢所欲言。但《Elsevier》的報導卻不以為然，它指出某些偏右選民在許多議題上需要出口，比如反對統一的歐盟制度；雖然現下除PVV外也有其他選擇，但威爾德斯與PVV依舊是荷蘭反歐盟最主要的代表。

眾叛親離的威爾德斯？

威爾德斯，還會受到更嚴重的制裁嗎？在「自由包容」的荷蘭，答案恐怕是不一定的。數年前，威爾德斯就被控告過煽動種族仇恨，此案審理一年多後，法官認為威爾德斯的發言「還在言論自由能接受的範圍內」。2017年的國會改選，威爾德斯與他的PVV扳回顏面，掌握20席國會議員並成為國會第二大黨。儘管如此，威爾德斯仍是最為荷蘭移民所知的政治人物；他令人不快、不安的發言，也讓與外國人友好的荷蘭人難以理解，甚至恨之入骨、引以為恥。

不過，威爾德斯仍為自己多年來營造的形象付出了政治代價。2023年底，PVV在國會改選時終於成為國會最大黨，但組閣過程卻遇到同屬右翼陣營的反對。例如，代表右翼新勢力的「新社會契約黨」（NSC）領袖彼得・奧姆齊赫特（Pieter Omtzigt）在與PVV等其他政黨討論時強烈主張：不應由威爾德斯出任首相、否則將不會繼續參與組閣，威

爾德斯不得不另推人選。然而，目前呼聲最高的人選迪克‧史霍夫（Dick Schoof）雖然不曾涉足政治，卻曾任職移民局與情報局最高長官，一般認為很有可能在移民相關議題上繼續走右翼路線。

荷蘭小說家赫潤貝格（Arnon Grunberg）寫過一本小說《特爾莎》（Tirza），威爾德斯的心態似乎就像書中主角反對女兒和阿拉伯人交往的理由一樣：「在我看來，他們都一個樣！通通都是穆罕默德‧阿塔（九一一主謀之一）！」拒絕更開放、更包容，或許也正是出於對未知事物的抗拒，與失去主導權的害怕？威爾德斯的崛起，本質上反映了民粹政治信念的宣示，「荷蘭絕對不是你想得那麼開放又包容」；「少一點！少一點！」的呼聲打破了重重的種族禁忌，似也讓原本敞開的大門，不安地緩緩關上。

08

許涵

不好說，
荷蘭同志運動人士的真心話

2001年4月1日午夜一過，阿姆斯特丹市政廳立即為數對同性伴侶舉行證婚儀式——當法槌敲響，荷蘭成為世界第一個實行同性婚姻法的國家，全場歡聲雷動，其中一名新人誠摯地說，希望其他國家能跟上荷蘭的腳步。

20多個年頭過去後，回過頭再檢視這個國家對於同志的包容度，仍有許多值得省思的地方。荷蘭社會真的包容和支持同志嗎？瑞亞茲・凡魏斯柏（Riyaz van Wegberg）是生活於這個國家的資深同志運動參與者，他以自身經驗，謹慎地回答了這一題[註1]。

初見到瑞亞茲，很難一眼看出他的文化背景。他的父母都來自蘇里南（荷蘭在南美洲的舊殖民地，現已獨立為蘇里南共和國），整個家族融合了荷蘭、阿拉伯、華人、印度等族群的血統和文化，這樣獨特的條件造就瑞亞茲對「身分認同」的深刻思考。他曾是海牙跨文化

酷兒組織 The Hang-Out 070 的總召，也是專職開設性向工作坊與課程的自由工作者，此外還經營自己的 Podcast 和 YouTube 頻道。

對於自小在荷蘭海牙長大的瑞亞茲來說，「該在乎別人眼光到什麼程度」是難解的課題。荷蘭的移民歷史和人種組成複雜，種族歧視、經濟不公與同志問題盤根錯節，但荷蘭卻又是個人主義極度發達的國家，個人特質的展現至關重要。作為具有多元族群背景的酷兒，生活在荷蘭必須非常努力，才能在多重條件的掣肘下得到平衡。

他出生在荷蘭同志運動很關鍵的一年：1994。這一年，荷蘭正式通過《平等法案》（Algemene Wet Gelijke Behandeling），其中便包含對不同性傾向者的人權保障。荷蘭的同志運動進程和臺灣有許多類似

荷蘭各城市常可見到彩虹顏色的斑馬線。

圖片來源 陳亮宇

之處，而且，因為荷蘭對性向、娛樂藥物、色情產業等議題的態度相對開放，很多「彩虹難民」視荷蘭為天堂。而在這些「進步」的反面，瑞亞茲說出許多出身為酷兒生活在此的真實情況：根據他在庇護所接觸到的例子，許多人實際來到荷蘭生活後大失所望。

瑞亞茲認為，荷蘭對性少數族群的接受度和照護程度並不全面，而是僅限於「同／雙性戀族群」和「阿姆斯特丹地區」。舉例來說，社會上針對性少數的仇恨言論和肢體攻擊仍時有所聞，對於跨性別的接受度又明顯更低，連警察在受理暴力案件時，都要求跨性別人士「平時行事不要太張揚，不然容易自討苦吃」。而與跨性別相關的醫療照護資源，例如心理或手術療程、庇護所等，也只有阿姆斯特丹地區堪稱足夠，其他地方都必須排隊到天荒地老。

國際非政府組織 ILGA -Europe 根據實質立法和政策層面檢視歐洲 49 國的性向平權程度，從 2009 年起每年發布名為「彩虹歐洲」（Rainbow Europe）的調查成果。荷蘭雖然曾在 2014 年取得第 4 名的佳績，接著就年年下滑，至 2020 年僅排名第 12 名，分數是 61%（0% 代表充斥歧視、違反人權，100% 代表尊重人權、完全平權，2021 年排名最高的是獲得 94% 的馬爾他）[註2]。這顯示荷蘭社會對性少數的高接受度，或許僅限於「觀光」形象或部分民調結果而已，並未真正深化為法律保障。在政府未能妥善照顧的地方，往往暫時仰賴民間地方組織來形成安全網，但瑞亞茲也指出，雖然荷蘭的性別人權相關團體很多，但絕大多數都面臨經費不足的窘境，「維護人權是政府的責任，但政府卻期待這些團體應該免費幫政府擦屁股」，這樣只會消耗掉相關人員的心力，並非長久之道。

縱使在瑞亞茲眼裡，荷蘭政府對性少數族群的保障有許多缺漏，但

他仍然很高興自己能在荷蘭以酷兒身分生活。他的身分認同很多，除了酷兒，還有棕色皮膚、胖、蘇里南裔、住在政府認定的「貧民區」……他主動選擇自己認可的標籤，並且想辦法找到同伴。「雖然有時候生活很困難，但我也擁有無人能奪去的美好回憶，我們是一群將痛苦轉化成美麗事物的人！」瑞亞茲認為即使在荷蘭仍會經歷孤獨，但在各種社會運動和酷兒組織裡交到的朋友，使生活並不寂寞。他認為，越是屬於少數群體，就越應該連結起來，成立組織，並將組織制度化，讓群體有能力容納更多有相似需求的人。因為，對於弱勢中的弱勢，例如既不被家庭認同、又無法從社會上獲得支持的「性少數＋有色人種」族群而言，以相似文化背景為號召的酷兒組織，是最重要的社會安全網，讓這些人明白自己不必在「文化」和「性認同」之間艱難地二擇一，而是可以做個擁有自身文化傳承的酷兒。

然而若荷蘭有越來越多的酷兒團體，基於越來越細緻的個人特質而做出區分，會不會弱化團結力道？瑞亞茲卻說，有各種不同的團體是好的，人們不用事事都團結，因為團結有時意味著妥協，但在牽涉到歧視的事物上不應妥協。可是，如果是更極端的例子，例如「支持保守勢力的同志團體」呢？瑞亞茲說，這樣的團體雖然極少見，但也的確存在，他尊重個人有選擇的自由，並相信一個多元的社會將擁有足夠的力量去維持各方平衡。

出生在父母都是移民的家庭，瑞亞茲深知受人誤解排擠的痛苦，也知道尊重性少數是荷蘭的價值。他的父母傾向於學習接受孩子天生的模樣，認為愛才是家庭裡最重要的事。因此，當談到「非同志可以為同志做些什麼」時，瑞亞茲認為學習、討論，在自己的影響力範圍內引起旁人對性少數困境的關注，是所有人都應該盡力做的。「如果你沒有做到感覺不適，那代表你做得還不夠好！」瑞亞茲這麼說。如

果真的無法親身投入性平運動,那麼他認為,直接捐錢給周遭的彩虹平權團體,會是最好的幫助。

最後,針對未來的期盼和擔憂,瑞亞茲表示,這一兩年歐洲極端右翼勢力又崛起,有些言論就和二戰前的納粹如出一轍,令人擔心人們是否已經忘記歷史教訓^(註3)。所以,他更加期待荷蘭能成為一個真正進步的國家,讓平等自由不僅只是國際形象,而是真實的法律實踐。

> 註1　本文節錄修改自「『亞洲第一 × 世界第一:臺灣荷蘭同志經驗開講』活動紀實」,全文原文於 2021 年 10 月 29 日刊登在「荷事生非 Orange Express」網站,文章網址:https://www.oranjeexpress.com/2021/10/29/亞洲 × 世界第一:臺灣荷蘭同志經驗開講活動紀實/。2021 年九月,荷蘭海牙同志學生團體 Philautia 和荷事生非共同舉辦了一場線上對談「Life as LGBTQIA+ in Taiwan and the Netherlands|亞洲第一 × 世界第一:臺灣荷蘭同志經驗開講!」,邀請臺荷兩地的資深同志運動參與者——臺灣的羅毓嘉以及荷蘭的瑞亞茲・凡魏斯柏(Riyaz van Wegberg)——進行對談,並由 COC(原名 Cultuur en Ontspanningscentrum,是荷蘭歷史最悠久的同志組織)海牙區前主席 Peter Scheffer 擔任主持人。本篇文章僅節錄瑞亞茲經驗分享的部分。
>
> 註2　補充:根據 ILGA -Europe2024 年公布的數字,荷蘭又下降至 58.95%,排名第 14 名。網址:https://rainbowmap.ilga-europe.org。
>
> 註3　補充:在 2023 年底的大選期間,幾個極右翼政黨雖然普遍支持同志權益,卻對於跨性別者之權利、手術與醫療保健等相關政策多所責難。例如,自由黨(PVV)宣稱,學校的孩童正在被灌輸(indoctrinated)性別瘋狂(gender insanity)的理念,農民公民運動黨(BBB)的領導人卡羅琳・范德普拉斯(Caroline van der Plas)則以女性的空間、安全和其他考量為由,反對通過跨性別法案。最後,民主論壇(FvD)的領導人蒂埃里・鮑德(Thierry Baudet),不僅曾在電視辯論中否認自己理解非二元性別之意涵,更反覆強調一個人應該要能辨別自己是男性還是女性。

09

台客 J

兩難,職業婦女選孩子還是選工作

在 OECD(經濟合作與發展組織,Organization for Economic Co-operation and Development)2020 年的 Better Life Index 研究報告中,根據每天的休閒時間以及每週工時超過 50 小時的人數比例這兩個指標,來評估 OECD 內各國勞逸平衡(Work-Life balance, 簡稱 WLB)的情況。不意外,荷蘭這個非常重視 WLB 的國家,在這樣的研究中名列前茅。

在 OECD 國家中,荷蘭在每天的休閒時間(15.4 小時,包含吃飯和睡眠)上排名第 8;至於在每週工時超過 50 小時的超長工時人數比例(0.3%)上排名第 2,僅次於俄羅斯[註1]。有趣的是,報告裡還列出了性別不平等的排名:根據性別的角度來比較該國在此項指標的分數,該分數越高,表示男女在該項指標的差別越大。就個別面向來說,荷蘭在休閒時間上的性別不平等還算在前段班(8/22);但在超長工時的性別不平等分數上簡直是悲劇,排名倒數第 2,僅優於丹麥。

當然，這樣的結果，有很大一部分跟荷蘭婦女大多從事兼職（work part time）有關。

荷蘭大部分的全職工作規定工時為每週 36～40 小時，但相信在荷蘭生活的人，都知道兼職（也就是每週工作少於 36 小時）相當平常。根據荷蘭社會文化計劃局（Sociaal en Cultureel Planbureau）的研究報告，在 2014 年時，荷蘭 20～35 歲的男性和女性，每週平均工作 36.66 和 28.75 小時，遠低於其他的歐洲國家[註2]。

通常在僱用合約裡，會明文規定一週的工作時數，而不論時數多寡，同樣受到所謂集體勞動協議（CAO, Collectieve Arbeidsovereenkomst）的保護。這也就代表，除了工作時數的不同，全職和兼職的員工，在權益上其實差異並不會太大。

造成兼職普遍的原因當然很多，之前看過這篇 2015 年時《經濟學人》文章[註3]探討為什麼這麼多荷蘭人從事兼職工作。根據資料顯示，26.8% 的男性和 76.6% 的女性，一週工作 36 小時以下，遠遠超過其他歐洲已開發國家（也算是呼應了上面的統計數字）。《經濟學人》認為，荷蘭相對來說不像英美，因為二戰損耗過多男性勞動力，婦女在戰後必須到工廠參與勞動，所以婦女參與就業市場的時間相對來說比較晚。此外，由於國家經濟條件較為優渥，並不需要雙薪維持生活等，都是原因。

但就我實際聽到的情況來說，雖然荷蘭的確提供婦女勞工一些保障（例如 16 週的給薪育嬰假），然而很多荷蘭女性有了小孩以後，在小孩上學前（4 歲）昂貴的 day care（kinderopvang，相當於臺灣的托嬰中心＋幼兒園），對於她們在職涯發展有相當關鍵的影響。根據

OECD 的報告《Society at a Glance 2016─OECD Social Indicators》，其中討論了關於育兒支出（Childcare cost）占家庭淨收入（即家庭總收入扣除其他生活必要支出後的總額）的比例，在 OECD 國家中，平均育兒支出占家庭淨收入將近 15%，其中又以美國、愛爾蘭、加拿大超過 30% 特別高（極端值），而荷蘭的育兒支出比例約 20%，也是明顯高於平均值，相較於其他 OECD 國家來說，算是相當高的[註4]，這也成為荷蘭婦女就職的阻礙。

我查了一下自家附近的 daycare 的費用：假設一個全職職業婦女，有兩個 4 歲以下的小孩，一個月花 2,000 歐元在 daycare 上，大概是免不了的（當然政府會根據家庭收入跟父母親工作時數給予補助，所以實際成本會較低）。因為這樣高昂的費用，也造成職業婦女的兩難：如果繼續全職工作，大部分薪水（荷蘭年薪中位數約為 24,000 歐元）搞不好幾乎全部都得支付小孩 daycare 的費用；假使轉成兼職（一週工作三、四天）或暫時停止工作，則會對職涯發展有影響[註5]。

另一個兼職工作的主因，應該歸因於荷蘭人重視家庭的價值觀：在我認識的荷蘭朋友或同事中，對於核心家庭的價值觀都很重（核心家庭外就不一定，小孩的成長對荷蘭人來說真的很重要）。他們希望能盡可能陪同小孩一起成長，除了學校所舉行的家長活動，假日也常都是載小孩去各種俱樂部進行體育活動，度假也大都是根據 school holiday 全家出動；而荷蘭到 80 年代為止，政府都還是以基督教價值為主流，重視家庭傳統，並提供福利讓婦女能在家照顧小孩。我想在物質和金錢之外，他們更在意的是真實的陪伴，而這可能也是荷蘭兒童被聯合國兒童基金會（UNICEF），評為全世界最快樂小孩的重要原因之一[註6]。

雖說大部分荷蘭婦女選擇兼職工作，但到底比例如何？我實在是不知道。荷蘭統計局（CBS）有針對身處不同家庭結構狀態的勞工，每週工時的統計。我根據統計資料，做成下面兩張表來比較。

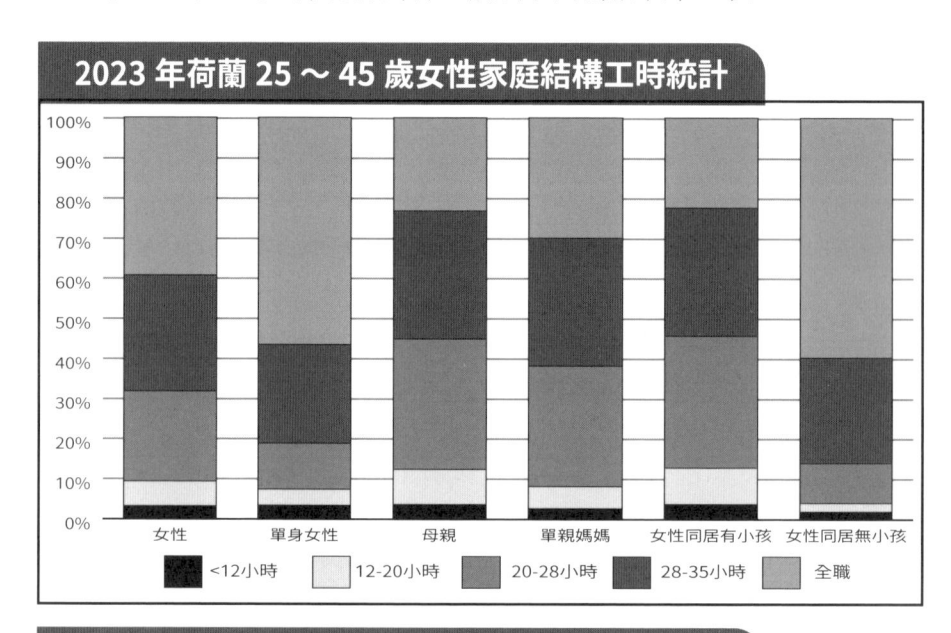

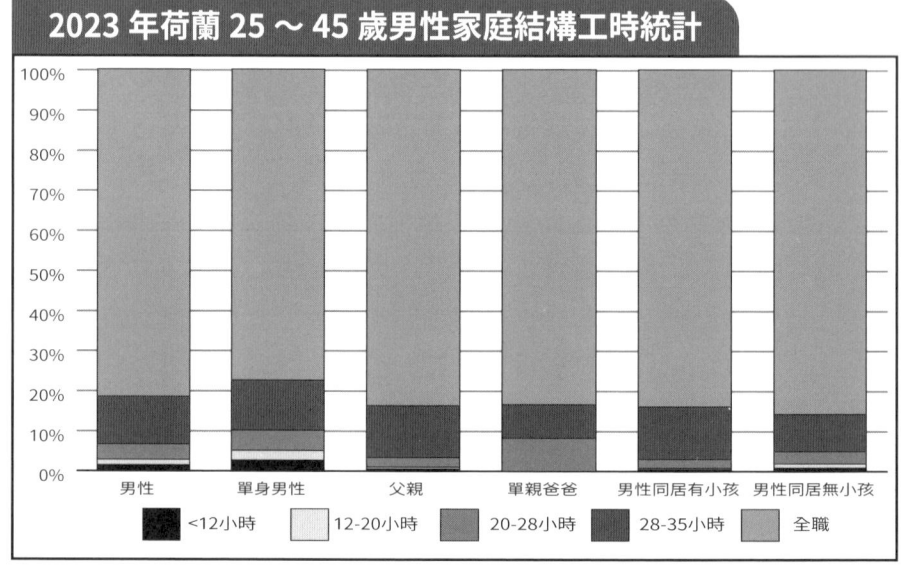

2023 年荷蘭 25～45 歲女性家庭結構工時統計

2023 年荷蘭 25～45 歲男性家庭結構工時統計

總體來看，男性全職工作的比例，無論是否單身或是有小孩，都落在 80% 左右；但如果是沒有小孩的女性（單身或同居無小孩），全職工作的比例落在 45%～60% 之間，和男性的差異其實不算大；不過一旦有了小孩，女性（為母或同居者有小孩）全職工作的比例馬上減半到 20% 左右，而男性卻沒有太顯著減低。

即便我們把標準放寬，雖然沒有小孩的女性（單身或同居無小孩）每週工作 28 小時以上的比例，與沒有小孩的男性相差不遠（都在 80% 左右）；但一旦有了小孩以後，女性每週工作 28 小時以上的比例，會降低到 50% 左右（同樣的情況男性的比例反而上升到超過 90%）。

當然，我不是社會學者或勞權專家，即便自己主觀認為，荷蘭職業婦女這樣普遍的兼職狀況，應該是因為上面討論兩大重點：社會的家庭價值觀和所費不貲的 daycare，卻也不知道荷蘭這樣的系統，是因為「雞生蛋」（女性自身意願促成的系統）還是「蛋生雞」（系統促成女性配合）。不過荷蘭這樣特別的情況，如果在其他許多國家，大概都會讓人覺得不可思議吧？

就我自己來看，國家或是整個社會，需要讓女性有「選擇」是否要工作的權利，讓她們不會在有了小孩以後，因為經濟或是社會等因素，無法自主選擇職涯的發展。然而這件事情，不論在任何國家或是公司，都不會是件容易的事情。也因此所謂的職場性別平等，對荷蘭的職業婦女們來說，看來還有很長的路要走。

註1 參考資料：OECD Better Life Index-work life balance, 2020。根據報告提供數據，俄羅斯每週超過 50 小時工時的員工比為 0.1%，荷蘭為 0.3%，瑞士為 0.4%，故推定荷蘭在該項目排名應為第 2。

註2 參考資料：荷蘭社會文化計劃局（Sociaal en Cultureel Planbureau）的研究報告,"Eerste treden op de arbeidsmarkt. Over de loopbanen van jonge vrouwen en mannen", January 2017.

註3 參考資料：經濟學人 , "Why so many Dutch people work part time", 12-5-2015。

註4 該報告知育兒支出占家庭淨收入比例研究，分為單親家庭及雙親家庭兩組分別計算，並以圖表說明。本文參考該報告數字係以單一國家之單親家庭比例與雙親家庭比例之平均推論。

註5 荷蘭的小學（basisschool）推薦入學的年齡為 4 歲，義務教育強制入學的年齡為 5 歲。一般來說，如果小孩原本有送 daycare（kinderopvang）的話，大多數的學校會在小朋友滿 4 歲那天強制畢業。又因為小學開始屬於國民義務教育，一般公立學校的學雜費用相較於 daycare 來說便宜許多（體制外學校及私立學校除外），對於一般家庭來說也算是終於能鬆一口氣。

註6 參考資料：Unicef, "Worlds of Influence,Understanding What Shapes Child Well-being in Rich Countries", September 2020.

10

余柔璇

咖啡是最重要的小事
——荷蘭職場文化

咖啡、午休、開會習慣、視訊鏡頭,這些工作時看似微小的瑣事和習慣,卻揭示了不同文化背景下的職場風貌。職場,不只是工作的場所,更是一個國家和地區社會縮影以及文化碰撞的場域。在臺灣、荷蘭兩地各工作了將近五年,任職本土臺商、外商,也待過極為傳統和國際化的荷商,這些經驗讓我能觀察到許多有趣的職場文化。若深入探討跟荷蘭職場有關,像是工時、休假、津貼的制度設計,不難發現這些政策也影響著荷蘭人工作的價值觀,讓荷蘭職場以工作和生活平衡聞名。

職場的小事

根據 2022 年統計(Statista)指出,荷蘭人平均每天會喝四杯咖啡。對荷蘭人來說,一家公司的好壞評斷標準,有很大一部分是來自咖啡

機設備以及咖啡的品質水準,甚至我現職的公司在招募的職位說明書上還會特別註明辦公室提供的咖啡是全荷蘭最棒的。工作時間的 coffee break／coffee chat 也很重要,在我上一份任職的公司有一個習慣:只要有人去咖啡機取咖啡,就會問附近所有人要不要喝咖啡,甚至每個樓層都還找得到咖啡托盤幫大家裝咖啡。我曾有過問到最後忘記誰點了什麼,差點以為自己其實是應徵咖啡館的服務生。

開會準時,分毫不差

在我任職過的兩間荷蘭公司,我都深刻感受到他們的時間觀念有多好。荷蘭人喜歡事先規劃、預約行程並照表操課,很少遲到,就算有人遲到也會準時開始,五分鐘內沒進到會議室(或上線)就會被其他同事調侃,會議也都能控制在原本規劃的時間內結束。說起來好像是一件不起眼的事,但是我在臺灣的職場經驗裡,會議能準時開始或結束滿少見的,經常都要等個 15 分鐘才有辦法開始,若是遇到大長官出席,會議超時的狀況更是屢見不鮮,而且常常一個拖一個,前一場會議結束不了,後一場會議也無法開始。

麻煩請開視訊鏡頭

既然講到開會,就說一下另一個在疫情中才注意到的小發現,就是荷蘭人對於「開視訊鏡頭」這件事非常大方,反觀跟亞洲人開視訊會議時,很多人都會選擇能不開就不開。我自己一開始其實也太不喜歡開鏡頭,但總是隱約有種同儕壓力,對方也會詢問為什麼你不開鏡頭,曾經因為真的不想開而撒謊說鏡頭怪怪的打不開,不過時間久了習慣之後也會默默打開鏡頭,到現在遇到不開鏡頭的人也會疑惑為什麼不開。

私人時間的意思你懂吧

在我任職過的荷蘭公司裡，從來沒有人會在下班時間聯絡，也不會用通訊軟體討論公事（反觀在臺灣工作時，大家就很習慣用 Line 建立工作群組），如果真的有需要也會額外配發手機和公司號碼，休假時間更是完全找不到人。雖然有公私時間分明的這個好處，卻也因此很難跟同事建立更深一層的關係，不像以前在臺灣時常會跟同事下班後聚餐、唱歌之類的。不管是在極度本土或是國際化的荷蘭公司裡，我從職場上交到的荷蘭朋友微乎其微，下班或休假會相約出去玩的，也幾乎都是外國同事們。

午休時間快狠準

荷蘭的午休時間雖然沒有硬性規定，不過習慣上會維持在 30 分鐘內，而且多數吃的是冷食，如三明治、沙拉，搭配一杯牛奶（難怪荷蘭男人平均身高能超過 185 公分）。前任公司整棟大樓有兩千多名員工，但只有一臺微波爐，排隊的都是外國人居多，每次吃飯都覺得自己是特異份子，同事也會好奇我又帶了什麼中餐。另外荷蘭也沒有臺灣常見的午睡，曾經跟一個荷蘭同事聊到臺灣辦公室甚至會關燈 30 分鐘讓大家睡覺時，他流露出一種雖然無法理解但是又有點羨慕的神情；甚至聽說有荷蘭同事去臺灣出差，看到中午突然關燈、大家都趴下時，他以為是什麼臺灣獨有的宗教儀式。

一週上班四天很正常

在荷蘭一週工作四天非常普遍，尤其是結婚有小孩的人，通常爸爸媽媽兩人會各自固定休一天在家照顧小孩，例如星期三、星期五爸

爸或是媽媽其中一個人不上班，其他三天就會交給托兒所。當然薪水也會依照比例縮水，我個人覺得這樣的選擇一方面是因為托兒所不便宜，一方面是因為荷蘭人重視家庭更甚工作，另一方面可能也是因為這裡所得稅太高了，上班四天或五天實際所得差異不大，不過最重要的還是整體環境的友善，多數企業能理解並支持員工的決定。

溝通直接不拖泥帶水

對於荷蘭人講話直接的溝通風格，大家都應該不陌生，套用我荷蘭同事的說法，荷蘭人就是即使是素食者，也會對別人怎麼煎牛排有意見。荷蘭人在自己不同意的事情或作法上會據理力爭、質疑到底，會當著你的面告訴你：你週末剪的頭髮很難看，會在信件裡質問對方為什麼用這種令人無法接受的做事方法。在我看來根本是挑釁，但實則只是為了透過更有效的溝通達成目的，久而久之我也懂得去衝撞別人的想法。雖然說可能是個優點，但我總覺得凡事過猶不及，尤其是看到荷蘭同事以直接而感到自豪時，總覺得少了點人情味啊！

切入正題前總要先寒暄

雖然說荷蘭人的溝通風格很直接，但他們在切入正題之前總喜歡寒暄一番。他們喜歡談論的話題大概有「你今天過得如何？」「你週末過得如何？」「你週末有什麼計畫？」「今天的天氣真好啊！」。荷蘭室友也說常看到我跟另一個中國室友在客廳或廚房說話時，好像一下就會切入正題，對他來說感覺很突兀。我有一個俄羅斯同事說有一次她只是單純找另一個荷蘭同事攀談，結果那個荷蘭同事跟她閒聊完之後接著問：「所以你找我有什麼事嗎？」，彷彿這樣的談話模式已經是標準流程了。

你今天心情好嗎

這樣的文化可能不是每個公司都有，但是跟朋友聊天時發現他們在各自的公司也有相似習慣，那就是每週的例行會議中每個人都要輪流在會議上分享自己的「心情指標」，只需分享好／普通／差即可，當然你想講更多也可以。主管的說法是，透過這樣的心情分享可以更知道怎麼跟同事相處，如果知道同事狀態不佳，就自然而然會多一點體諒。之前就曾遇過一個同事表示他心情指標是紅色（差），但他不想說原因，幾個月後他心情平復一些才告訴我們，當時他正在辦離婚手續。這種時候就覺得這樣的機制滿體貼的，提供一個讓同事分享的契機，畢竟即使有些發生在自己身上的好／壞消息，沒有適當的時機也說不出口。

可不可以不喝酒

這是我最喜歡的職場文化之一，就是沒有喝／勸酒文化。雖然荷蘭人也愛喝酒，但是他們也會尊重別人意願、不會逼人喝酒。在荷蘭無酒精啤酒／紅酒／氣泡酒很常見，讓不喝酒或是開車的人也可以融入聚會氣氛。在臺灣，會喝酒這件事就相對比較重要，不管是做生意還是跟主管互動，總是要會喝上幾杯，才比較好拉近距離談事情。我自己曾在臺灣應酬場合上遇過很老套的：「你不喝就是不給我面子」，也看過有人因為不喝酒而錯過升遷機會，相較之下，荷蘭這種不強迫喝酒的 style 真的討喜很多。

雙重身分開副本

可能是因為不太加班、私人時間比較多，荷蘭人發展斜槓的情況也

比較常見。我曾經有個主管本職是供應鏈專業，但他也是畫家林布蘭狂熱份子，甚至因此寫專欄、出書；有同事平常是業務，假日去當導遊，導覽他出生成長的城市；另一個同事平常管物流，下班則化身音樂家，做樂器教學和組樂團表演；人資除了做招募，其他時間是一對一健身教練和飲食顧問。可以在不同身分之間轉換，日子也似乎比較有趣些，也不會只從工作獲得成就感，不過在臺灣相對長工時的狀況下，多數人下班之後應該就累得什麼都沒辦法做了。

階級意識不明顯

說說兩個我親身經歷的故事：第一個是我大學畢業後在臺灣初次求職，當時最後一關面試跟一位英文名叫做 James 的副總相談甚歡，回家後不忘禮貌地根據收到的名片寫信感謝 James 撥冗跟我面談。後來報到之後才知道，原來這家公司都是以職位相稱，根本沒有人敢直呼副總名字！而且只要升職命令一生效，所有人都要立馬改稱謂。我曾經因為私下直接稱呼主管名字而被另一個小主管糾正。

另外一個故事發生在我到荷蘭的第一份工作，我跟一群同事剛吃完午餐回到工作樓層，依照慣例前往咖啡機喝一杯咖啡。此時我們部門的 Director 走過來也排進咖啡機的隊伍裡，正好在他前面三個人都是亞洲臉孔，他就開玩笑說：「如果我現在在亞洲的話，應該就可以不用排隊了。」我忍不住附和：「要是你在亞洲根本不需要站在這裡，會有人幫你準備好拿到辦公室。」Director 辦公室的門永遠開著，不管是誰都可以走進 Director 辦公室閒聊、他不在時能使用他的辦公室當作會議室。整體來說，在荷蘭很少人在乎你的職位跟頭銜，而是對你這個人本身、你做的事情、你的喜好、你的想法感興趣。

休息是為了走更長遠的路：休假與津貼

提到重視私人時間、一週上班四天，以及樂於發展斜槓這幾件事看來，不難看出荷蘭人重視工作與生活的平衡。而這樣的平衡，除了展現個人價值觀，也是因為環境和制度的支持，才可能發展出來。在制度面，除了國定假日和帶薪年假的不同，荷蘭還有兩個臺灣沒有的制度，那就是工時縮減（ATV）和休假津貼（Holiday Allowance），這些政策反映了兩個不同文化中對於工作和生活的看法差異。

荷蘭 2024 年國定假日

1月1日（五）	新年（Nieuwjaarsdag）
3月29日（五）	耶穌受難日（Goede Vrijdag）
3月31日（日）	復活節首日（Eerste Paasdag）
4月1日（一）	復活節次日（Tweede Paasdag）
4月27日（六）	國王節（Koningsdag）
5月5日（日）	解放紀念日（Bevrijdingsdag）
5月9日（四）	耶穌升天日（Hemelvaartsdag）
5月19日（日）	聖靈降臨日（Eerste Pinksterdag）
5月20日（一）	聖靈降臨日（Tweede Pinksterdag）
12月25日（三）	聖誕節（Eerste Kerstdag）
12月26日（四）	聖誕節（Tweede Kerstdag）

National Holidays （國定假日）

以 2024 年來說，臺灣的國定假日有 12 天，包含：元旦、農曆除夕、

春節 3 天、和平紀念日、兒童節、勞動節（只限於適用勞基法的勞工）、清明節、端午節、中秋節及國慶日，而且遇週末補假，所以是放好放滿。荷蘭雖然也有 11 天（新年、復活節、國王節、解放日、耶穌升天日、聖靈降臨日、聖誕節），但遇週末不補假，而且 5 月 5 日的解放日（Bevrijdingsdag）每五年才放一次，因此林林總總加起來 2024 年只放 5 天假，5 月 29 日聖靈降臨節（pinksterdag）放完之後，下一個假日就要等到 12 月 25 日聖誕節（kerstdag），每次到五月放完最後一個假日之後就不禁悲從中來。

Holiday／Annual leave（帶薪年假）

這裡的年假應該等同於臺灣所謂的特休，根據荷蘭法規，全職工作者的年假至少要有 20 天，計算方式主要是每週工作時數的四倍（40hrs × 4 ÷ 8hrs）。不過多數企業一般都會給到 25 天，身邊也不乏有人任職的公司給到 40～50 天的。跟臺灣比起來，滿 6 個月有 3 天、滿一年有 7 天的算法，真的有所差距，而且還必須限制在同一家企業的年資，如果跳槽的話特休假又有可能會減少。我個人認為，雖然荷蘭國定假日少，但是年休多，大家不僅可以更彈性運用自己的假日，也可以避開一到國定假日就到處都是人潮的窘境。

ATV/ADV － ArbeidsDuurVerkorting（工時縮減）

這個有趣的制度我一直到入職之後才發現，而且並不是政府強制規定，所以不是每家公司都會有。在荷蘭，全職的定義是每週工時在 36～40 小時之間，而工作合約上通常會明定一週工時多少，例如我的合約是每週工時 38 小時，但其實我每天朝九晚五工作 8 小時，因此我每週都會「超時」工作 2 小時，累積四週 8 小時，因此公司每個月放我

一天假補償我超時工作。然後由於我職位所屬的工會屬性，12 月公司給我 2 天的 ATV，所以我每年除了年假之外還會有 13 天的 ATV days。

據說該制度的起源是為了提升荷蘭國內就業率，如果公司裡每個人都少工作一點，累積起來就會需要多一個員工來工作，進而創造更多就業機會。聽起來有種社會主義的溫馨感，一種「大家少吃一點讓別人也有東西吃」的概念。

Holiday Allowance（休假津貼）

這是臺灣沒有的制度，主要是鼓勵職員在工作之餘也要照顧自己身心靈的健康。計算方式是年薪的 8%，相當於一個月薪資，多數職員會因為家庭、小孩，把假期安排在夏天，所以這筆錢主要在五月或六月一次性發放。如果在荷蘭找工作，遇到雇主談年薪的話，也務必記得要詢問年薪是否有包含這筆津貼。

結語

在荷蘭工作的這些年，這裡的職場文化給了我很多新的刺激，從勇於表達、被看見，到重視私人時間，每一點都令我受益匪淺。我也非常喜歡荷蘭的制度設計，讓我能在工作和生活中找到平衡點，在時間規畫和財務上擁有更多彈性，正是這些差異，讓我有機會看到並理解不同的工作方式和生活態度。有時我會想念在臺灣時和同事同甘共苦的革命情誼，有時我會慶幸在荷蘭可以擁有充分休息時間。我想所謂理想工作的樣貌，在每個人心中都不同，是在各個面向之間，有捨有得的結果。

11

詹宜樺

運動即日常
——植入 DNA 的運動文化

　　2024 年夏天,四年一度的歐洲盃開打,掛滿橘色小旗子、荷蘭國旗的酒吧、住家都在迎接這一刻的來臨。即便不是正港足球迷,都會因為環繞的歡欣瘋狂氣氛感染而成為一日球迷。荷蘭人對於運動的喜好,不僅僅是坐在電視前和親朋好友歡呼,也可能是身體力行的運動狂。根據歐盟 2022 年的整體運動習慣調查[註1],有 60% 荷蘭人每週至少運動一次,是歐盟 27 國中第三名(第一名是芬蘭 71%,第二名則是 63% 的盧森堡)。每次的運動時間則為 60 分鐘以下。即便是在 COVID 疫情期間,許多人就算在家工作也沒忘記出門運動。由此可見,運動的習慣是深入荷蘭人骨子裡的。

為什麼荷蘭人如此投入運動呢?

　　根據調查顯示,64% 的人認為運動可以保持身體健康,60% 的人相

信可以強健體能，56%認為可以放鬆（精神壓力大的荷蘭人也不少），特別的是41%的人是為了維持體重。因為喜歡運動，荷蘭全國超過20歲以上成年人，肥胖人數大約占14%^(註2)，相較於1980年代成長了3倍，但如果和其他歐盟國家相比，荷蘭人的肥胖比是倒數第四名。

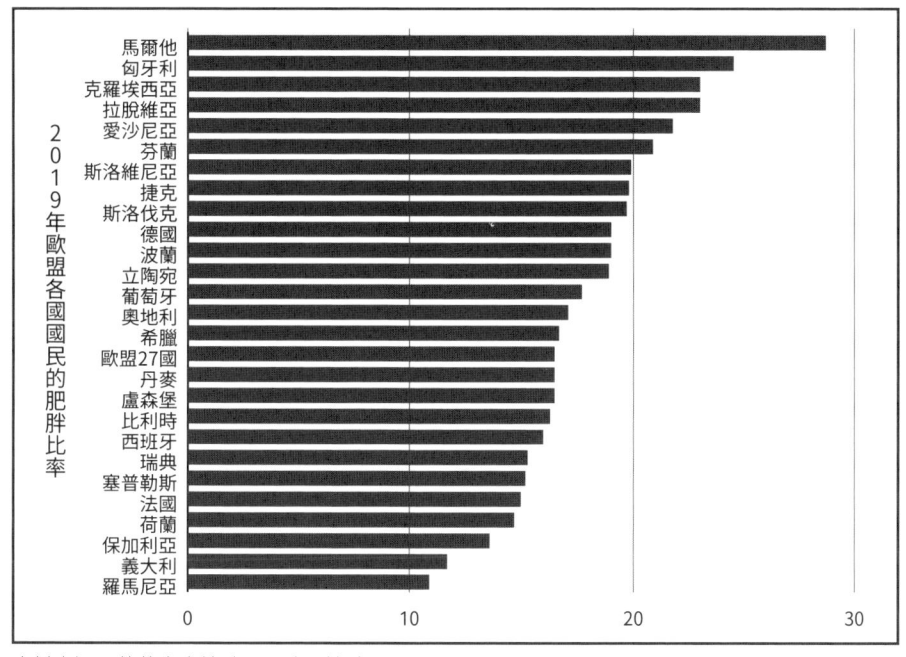

2019年歐盟各國國民的肥胖比率

國家	比率
馬爾他	~29
匈牙利	~25
克羅埃西亞	~23
拉脫維亞	~23
愛沙尼亞	~21
芬蘭	~20
斯洛維尼亞	~20
捷克	~20
斯洛伐克	~20
德國	~19
波蘭	~19
立陶宛	~19
葡萄牙	~17
奧地利	~17
希臘	~17
歐盟27國	~16
丹麥	~16
盧森堡	~16
比利時	~16
西班牙	~16
瑞典	~15
塞普勒斯	~15
法國	~15
荷蘭	~14
保加利亞	~14
義大利	~12
羅馬尼亞	~11

資料來源：荷蘭中央統計局、歐盟統計局

儘管如此，荷蘭公共健康部門仍然不滿意當前的國民運動量。根據荷蘭健康衛生局的統計，荷蘭國民在2021年達到「足夠運動量」（sufficient level of physical activity）的標準者僅有47%，相較於2020年的53%及2019年的49%仍屬偏低^(註3)。因此，他們希望在2040年前，達到75%的國民符合足夠運動量的標準。針對「足夠運動量」，公共健康部門也有詳細建議：

1. 成人每週應有超過 2.5 小時的中等激烈度運動。
2. 小朋友每天至少運動 1 小時。
3. 成人建議每週有 2～3 次的肌肉和骨骼強化運動，例如重量訓練、爬樓梯或是跳舞等運動類型。
4. 避免久坐。

提供實踐健康生活的指南，是許多政府部門會做的事，但推行運動最大的困難點不是做不做得到，而是能把民眾的屁股從沙發上拔起來。對多數國家的人民來說，難以脫離舒適的沙發或精彩的電視節目是普遍通病，然而荷蘭人還真沒有這個問題。也許，從小培養起運動習慣，是原因之一。

荷蘭小孩在四歲（小學入學年齡）時便開始游泳訓練。儘管這是不具強迫性的規定，但是由於荷蘭低於海平面之下，並且運河遍布，水中求生是家長和學校的普遍共識，也因此，幾乎所有荷蘭人都有基礎的游泳技能。此外，許多家庭也會讓孩子加入社區的運動俱樂部，培養運動興趣。根據筆者不負責任調查，10 個荷蘭家庭中幾乎 9.9 個家庭的家長（0.1 個因為還是嬰兒）會在孩子進入小學後，讓孩子嘗試各種運動，找出最喜歡並願意持續的一兩種項目。一方面是可以培養體能（就是充分放電），另一方面也有助於心理健康的發展。藉由團隊合作或是訓練讓孩子有自助自律的生活習慣，更能培養毅力與堅持的精神。所以，如果你問起荷蘭人的運動強項，他們大多數可以講出一兩樣，也許不是最頂尖，但也有一定水準。

既然荷蘭為大家熟知的腳踏車王國，自行車自然而然也可以視為運動。然而，騎腳踏車對荷蘭人來說，也不僅僅只是運動。打從會跑會跳的年齡，腳踏車成為再正常不過的移動交通工具，它早已是荷蘭

人生活的一部分,儼然是雙腳的替代品。個人通勤、日常休閒活動、家庭出外旅遊、社交活動,無腳踏車不可。當然,設置完善的自行車交通網,也讓這項運動變得簡單及安全,假日全家出動騎個腳踏車郊遊也是日常。在每天都要騎腳踏車的情況下,說荷蘭人天天運動也不為過。

在社交方面,荷蘭人除了熱愛趴替喝啤酒,不少人也以運動為社交活動。在荷蘭全國約有35,000個運動俱樂部,從最熱門的足球、網球、排球到荷蘭獨有的運動:菲仕蘭手球(Kaatsen)、滾地保齡球(Klootschieten)等等。這些運動俱樂部除了提供居民交際機會和練習場所,也會定期舉辦活動,和其他地區的運動俱樂部進行友誼賽,更上層的運動協會也會安排地區性的賽事,藉此提高該項運動的熱度並讓運動員維持高度興趣,以達到持續運動的目的。除了加入社區性的運動俱樂部或是私人健身俱樂部,許多荷蘭人也會三五好友相約健行、長程自行車、登山、滑雪、慢跑等等。

此外,不少公司行號也會舉行公司內的運動活動或是組成運動社團,較大型的公司還設置洗澡間、提供沐浴以及健身房,甚至聘請健身教練到公司指導。年度滑雪活動、長程腳踏車運動、慢跑活動等等更是普遍,不少大型馬拉松活動也歡迎公司行號組成團隊參賽。即便沒有正式的運動活動,利用午休期間結伴在公司附近散步或是短程慢跑,如此風行的運動風氣,不愛運動的人也很難不受影響。運動活動不但拉近同事間的距離,對於身心健康也有幫助,更易凝聚公司向心力。

哪些運動受荷蘭人歡迎？

名單列下來[註4]，第一名想當然爾是足球。歐洲盃、世界盃賽事期間，你可以看到大街小巷瘋狂的橘色足球迷。2024 年的歐洲盃開打時，大批荷蘭球迷湧至德國的各個足球場（漢堡、慕尼黑、萊比錫等等）聲援荷蘭隊，超過四萬名的橘色瘋子塞爆德國城市大街和足球場。儘管已經多年沒有獲得冠軍獎盃，荷蘭人還是不離不棄地場場支持國家隊。除了男子足球，近年來，女足成績長足進步，曾在 2019 年女子世界盃奪得亞軍，也獲得不少民眾支持。

第二受歡迎的運動，則是在亞洲較少為人知的草地曲棍球，這項運動尤以女子隊更受注目。荷蘭女子曲棍球國家隊已拿下 8 次世界冠軍，在奧運更是常勝軍，每回賽事皆可以抱回金牌，是世界頂尖級的團隊。

此外，你可能意想不到：網球在荷蘭也占有一席之地。在多數美國澳洲瑞士著名選手的擠壓下，荷蘭選手看似名不見經傳，但其實荷蘭網協下可是有 5,5000 名選手正在默默培養中。同時，荷蘭也長年舉辦網球賽事——鹿特丹網球公開賽（Rotterdam Open），因其贊助商之故，又被稱為荷蘭銀行公開賽（ABN AMRO World Tennis Tournament）。這個室內硬式網球賽自 1972 年舉辦至今，每年均吸引不少人前往觀賽。

提到受荷蘭人歡迎的運動，當然不能少掉 F1 賽車。已蟬聯三年世界 F1 賽車冠軍的馬克斯・維斯塔潘（Max Verstappen）可是荷蘭人的英雄，他的輝煌成績，讓不少荷蘭人引以為傲。由於他的粉絲都會在他出賽時身穿橘色 T-Shirt，形成一大片橘色人海，也因此自稱為「橘色軍隊」（Oranje Army）。另外，位於哈倫（Haarlem）的贊德沃特

賽道（Circuit Zandvoort），更是許多賽車迷朝聖之地。

　　最後，說到受荷蘭人歡迎的運動項目，當然不能不提自行車！儘管荷蘭人對自行車運動的狂熱度不如鄰國比利時高（大概是習以為常），但現役世界公路車冠軍馬修・范德普爾（Mathieu van der Poel）就是荷蘭人，可見自行車運動還是有一定受歡迎程度。荷蘭本地有不少自行車俱樂部會安排自行車旅遊，召集俱樂部成員帶著自行車遠征其他國家的自行車聖地。一年一度的環法賽事也是車迷關注的焦點，甚至環法賽的一個經典路程：阿爾普迪埃茲（Alpe d'Huez），被稱為「荷蘭角落」（Dutch Corner）。這個經典路程，包含 21 個髮夾彎直升 1,850 公尺高的 Alpe d'Huez 山頂，難度甚高，由於曾經有不少荷蘭自行車手征服此山，在許多荷蘭自行車迷心中，此地可謂為人生必訪景點。在賽事期間，多達 70 萬的荷蘭自行車迷開著露營車在前一晚集結於此，並開趴直至比賽當日。正因為這些荷蘭人的瘋狂行徑，你知道為什麼這裡被稱為 Dutch Corner 了吧？

　　除了上述運動，荷蘭人也熱衷慢跑，不但可以自由控制時間，不用花費多少錢（幾乎免費！）就可以維持健康，何樂而不為。儘管荷蘭人並非世界著名的長跑或短跑健將，但近幾年荷蘭在女子跑步項目上也獲得不少矚目，例如在東京奧運大放異采的中長跑選手西凡・哈森（Sifan Hassan），分別在 5,000 公尺和 1 萬公尺項目獲得金牌、1,500 公尺獲得銅牌，更在 2023 年的倫敦馬拉松獲得金牌、同年芝加哥馬拉松銀牌！而 2024 年的歐洲田徑賽，荷蘭在女子多項長短跑中也獲得極佳成績，其中拿下多面金牌的費姆克・博爾（Femke Bol）更是受人矚目的焦點。

運動即日常，造就低肥胖比

全球 COVID 疫情後，人們開始注意到運動可帶來的健康益處，許多疾病專家、醫生也都呼籲，認為多運動可提升身體免疫系統的運作效率。對荷蘭人而言，運動即日常，即便在疫情期間，諸多不便下，荷蘭人依然出門散步或慢跑。疫情後，舉家前往鄰國登山、健行（荷蘭多雨又地勢低平，不易有登高效果）更加受到歡迎。

當然，荷蘭政府推廣「運動產業經濟」也不遺餘力。荷蘭藉由每年投入 4 億歐元財政預算在地方運動活動、積極發展運動創新（sport innovation）以及鼓勵運動專門研究（sport research）以提升菁英運動員實力，促進全民運動風氣。同時，許多大小型私人公司更積極贊助各種運動賽事，藉此獲得知名度 (註5)。這樣集結來自營利與非營利運動俱樂部、公司行號、學術機構、運動科學各方領域的合作，以及全國人民的投入，也難怪荷蘭在歐洲國家中是數一數二的運動大國。

你，準備好出門運動了嗎？

註1 https://europa.eu/eurobarometer/surveys/detail/2668。
註2 https://www.cbs.nl/en-gb/news/2024/10/obesity-rate-has-tripled-in-the-last-40-years。
註3 https://nltimes.nl/2023/03/12/half-dutch-dont-take-part-enough-physical-activity。
註4 https://askthedutchguy.com/the-most-popular-dutch-sports-a-guide-to-netherlands-sports-culture/。
註5 https://www.kenniscentrumsportenbewegen.nl/en/about-sport-in-the-netherlands/。
https://www.government.nl/topics/sports/research-and-innovation-in-sport。

環境永續篇

Chapter 3

在荷蘭，環境永續理念已深植於社會各個層面，成為國家政策和日常生活的核心思維。在本篇中，我們將從多角度探索荷蘭如何體現永續發展，包含循環經濟的推動、與自然共存的空間型態，以及因應氣候變遷的能源轉型策略。

　　首先，荷蘭是全球最早將循環經濟納入政策規劃與實踐的國家之一，目標是在 2050 年前實現完全的循環經濟。為了達成這一目標，荷蘭政府發布了 2023～2030 年的國家循環經濟計畫。從爾文的塑膠回收研究中，可以瞭解到荷蘭的塑膠回收分類模式，以及臺荷塑膠回收模式的差異。同時，透過婧儀的分享，可以看到荷蘭的時尚產業已努力朝向循環時尚發展，特別是利用創新的原料和商業模式，改善快時尚所帶來的環境問題。此外，芸翠則展示荷蘭建築師提出翻轉當代的循環設計思維──消費者購買的是「服務」而非「產品」，他們從「擁有者」轉變為「使用者」，而維護和回收產品的責任，則回到供應者身上。光是在「衣」的層面永續還不夠，育瑄除了解說荷蘭如何串起政府、企業與民間各部門來減少食物浪費，還分享荷蘭超市龍頭品牌 AH 的例子，讓我們知道零售部門能如何應對剩食。

　　另外，我們也看到荷蘭與自然共存的傳統與創新。荷蘭人講求實際又善用土地的環境資源，自古以來創造許多獨特的空間型態，像是風車和水上住宅。早在 15 世紀，荷蘭人就利用風

車調節水位，擴大土地面積以進行農業活動和定居。林宓的研究和精細的手繪圖帶領我們深入認識風車的各種類型。讀者將瞭解到，荷蘭的風車不僅是排水的工具，更是輔助農業和工業生產的重要設施。另一方面，宜萱透過許多案例，帶我們認識水上住宅從過去到現代的演變，揭示這種居住形式並非僅僅出於選擇，而是對自然環境的順應與尊重。

最後，在能源轉型方面，荷蘭政府於 2017 至 2018 年間啟動了大規模的能源改革，並且訂定至 2030 年的離岸風電路徑規劃。荷蘭的能源政策變革不僅是出於氣候目標的考量，還考慮到經濟效益和長期投資的穩定性。慧玲的研究與訪談，讓我們深入認識荷蘭如何在氣候變遷的壓力下，做出能源選擇和政策調整。

期待讀者們閱讀本篇的分享後，對永續發展的實踐能獲得更多新的思路與啟發！

01

楊爾文

不仰賴政府補貼的回收模式
——荷蘭塑膠包裝廢棄物回收

荷蘭的循環經濟與塑膠包裝廢棄物回收

　　歐洲總給人一種很「永續」的印象。努力實踐零廢棄的我，目前在世界永續排名第一的瓦赫寧根大學（Wageningen University and Research, WUR）就讀。瓦赫寧根的生活很「綠」，學生們聊的話題也常圍繞著環境議題，朋友會相約一起去氣候遊行，而我騎腳踏車，不到十分鐘就能買到無包裝商店的各種商品。荷蘭作為首批將循環經濟（circular economy）納入政策規劃與實踐的國家之一，目標在 2050 年前實現完全的循環經濟。荷蘭發布的 2023～2030 年國家循環經濟計畫（National Circular Economy Programme 2023-2030）指出，除了減少原材料的使用、以較永續的材料替代，並延長產品生命週期，材料的回收使用，更是循環經濟不可或缺的一塊拼圖。

　　不同的材料回收有各自的故事，而生活中最常見，也最多樣的塑

膠包裝廢棄物（plastic packaging waste），則是本文主角。根據2023年 KPMG 發布的報告「荷蘭的塑膠原料回收」（Plastic feedstock for recycling in the Netherlands），荷蘭在 2022 年從歐盟 27 國淨進口 364 千公噸的塑膠廢棄物作為回收原料[註1]。身為塑膠廢棄物的淨進口國，荷蘭擁有以歐洲來說發展十分成熟的塑膠回收產業。歐洲知名的兩間塑膠回收商 Morssinkhof 和 Repeats 都位於荷蘭。雖然荷蘭的塑膠回收率（約 30%）不如臺灣（40%），但其處理回收的流程與邏輯不同於臺灣，同樣值得觀摩。

荷蘭的兩種模式：前端分類與後端分類

荷蘭的廢棄物管理計畫書又稱 LAP3，是荷語 Landelijk afvalbeheerplan 的首字母縮寫。LAP3 規範了從回收物的收集、運輸、買賣以及中介的流程。在依循 LAP3、《環境管理法》（Environmental Management Act）以及《環境法》（Environment Act）的條件下，地方政府可以自行決定廢棄物的處理規定，包括回收物是要採行前端分類（pre-sorting）還是後端分類（post-sorting）。

前端分類指的是回收物在收集前就先被使用者分類。大部分的荷蘭地方市政府（約 300 個）都採用前端分類，包括我所在的城市瓦赫寧根。學生宿舍的回收區除了紙類和玻璃，塑膠包裝、鐵鋁罐和飲料紙盒都用同一個袋子收，統一收集成 PMD（Plastic packaging material, Metal/Cans and Drinks cartons）。PMD 在收集後會被運送到負責分類的單位並經過一連串篩選，輸送帶會依序經過開袋器、圓筒篩（依尺寸篩選）、風選機（依密度篩選）、磁選機、非鐵金屬分選機、近紅外光（NIR）塑膠分選系統、彈道分離器（依形狀篩選）和打孔機（讓

空氣和液體離開容器）。人工檢查去除雜質後，最後會被分成：1.PET、2.PP、3.PE、4.塑膠薄膜、5.混合塑膠、6.飲料紙盒、7.帶鐵金屬、8.非鐵金屬及 9.其他殘留。分類好的回收物會由打包機壓製成適合運輸的形狀。前端分類需要人工檢查，使得勞力成本較高，但相對回收鏈的物質純度也較高。

至於後端分類，指的是垃圾在收集前不會被分類，而是在切碎後，才將 PMD 和其他垃圾分開。採用後端分類的城市有 31 個，包括阿姆斯特丹和鹿特丹。從垃圾中分離出來的 PMD，會再經歷先前提到的機器篩選過程，雖然純度比前端分類低，且將垃圾分類的成本較高，但收集及運輸回收物的成本比較低，也能處理更多的混合塑膠。

根據地方政府管轄區域的人口密度及其他政治考量，政府會決定要採取前端或後端分類，兩者各有利弊。荷蘭的地方政府大多選擇前端分類，但進入後端分類系統的家庭垃圾具有一定的規模，也是這個國家的回收特色之一。

臺荷塑膠回收模式的差異

身為臺灣人，剛來荷蘭時很難理解回收方式。荷蘭室友告訴我，只要是有回收標誌的塑膠，就算是蔬果的包裝袋也可以丟到 PMD。我雖然入境隨俗地照著做，卻也對兩國不同的回收模式產生興趣。

在臺灣，根據《廢棄物清理法》，民眾必須將家庭垃圾分成資源垃圾、廚餘及一般垃圾三大類，而政府得以向資源垃圾的製造及進口業者徵收回收清除處理費，並補貼清除及回收的處理業者。《廢棄物

清理法》的規定,使得臺灣成為最早落實延伸生產者責任(Extended Producer Responsibility,EPR)的國家之一,但製造及進口業者只需透過繳交回收清除處理費來履行其責任,無需擔負產品的生命週期管理。政府所訂的回收清除處理費率,是影響回收商收購意願的關鍵。費率如果太低,可能讓民眾分類好的回收物最終進到焚化爐,使得回收成效不彰。

至於荷蘭,大部分的塑膠回收業沒有政府給的補貼[註2],且要花更多成本分開回收物。這延伸出一個問題,荷蘭大部分的塑膠回收業如何生存?

Verpact──荷蘭負責包裝廢棄物回收與管理的機構

歐盟及荷蘭政府設定回收目標,地方政府則透過法規決定如何處理回收物。那麼,誰來處理回收物呢?根據汙染者付費的原則,塑膠的製造及進口業者有責任處理包裝廢棄物的回收。在荷蘭,實際管理包裝廢棄物的收集、運輸及回收的是 Verpact。Verpact 是 EPR 的產物,也是代表所有塑膠的製造及進口業者的機構,前身是 Stichting Afvalfonds Verpakkingen(譯名:包裝廢棄物基金會)。Verpact 不以營利為目的,只將塑膠製造及進口業者所支付的處理費,用來委託其他公司執行包裝廢棄物的運輸、清洗及分類,並將分類好的回收物賣給回收商,最後代表所有塑膠製造及進口業者將回收成果呈報給政府。此外,在荷蘭超市可見的容器押金退還(Deposit Return Scheme),也是由 Verpact 負責管理。不論是運行前端分類還是後端分類,所有成本都由 Verpact 負擔。因此,臺灣回收清除處理費率太低,導致回收商拒絕收購的現象,在荷蘭不會發生。

荷蘭塑膠回收的未來展望

那麼，荷蘭的資源回收制度是否完美無缺？平均而言，荷蘭每人每年產生 490 公斤垃圾。2014 年，荷蘭政府設立目標，希望在 2020 年前將垃圾分類的比例提升到 75%，但截至 2022 年，僅有 24% 城市的垃圾分類比例達標。目前荷蘭的家庭垃圾分類比例是 60%。根據 2023 年的 KPMG 報告，荷蘭一年約生產 1,700 千公噸的塑膠廢棄物，其中 523 千公噸（30%）被回收，剩下的都是焚燒發電處理。荷蘭回收塑膠廢棄物的需求量，預估在 2030 年達到 2,200 千公噸。換句話說，未來荷蘭需要將更多塑膠廢棄物留在國內回收處理。KPMG 指出，為了滿足國內需求量，未來政府可能會限制塑膠廢棄物出口到非歐盟國家，並增加剩餘廢棄物（Residual Waste）的前端或後端分類。雖然荷蘭在歐盟是塑膠廢棄物的淨進口國，但也出口 237 千公噸的塑膠廢棄物到其他國家，例如印尼和土耳其。另外，目前未被回收的塑膠，大部分屬於未被分類的商業與工業的剩餘廢棄物。提升商業與工業剩餘廢棄物的後端分類效能，預計會在 2030 年前增加 272 千公噸的塑膠回收量。

結語：資源回收並非循環經濟的完美解答，觀念和行為的改變才是

最後，我以荷蘭友人：艾瑞克・德佛里斯（Eric de Vries）的觀點作為結語[註3]。他任職的公司：HVC 的業務之一，就是家庭垃圾的收集、處理和回收。這間公司受 Verpact 委託處理塑膠的分類。在艾瑞克眼中，讓回收的技術更進步，或者增加垃圾被回收再利用的機會，似乎都不是最好的解答。他說：「真正重要的還是人們的消費觀念和處

理垃圾的行為,而這些觀念和行為對於回收的效益,往往都被低估。」

　　瑞典人史帝恩・古斯塔夫・圖林(Sten Gustaf Thulin)在 1959 年發明世界上第一個塑膠袋時,目的是為了減少人們大量砍伐森林而製造的紙袋。沒想到發展至今,塑膠對世界帶來深遠的改變,我們的生活變得更加方便,但無節制地使用塑膠的負面影響隨處可見。從海灘上千奇百怪的塑膠製品,乃至生物體內驗出的微塑膠,都在告訴我們做出改變的時刻到了。不論是在荷蘭、臺灣,或是任何地方,想要減少塑膠對環境造成的負擔,除了將回收思維融入產品設計、好好回收塑膠,更要減少使用及丟棄塑膠的機會,才能大步向循環經濟邁進。

註1　2022 年,荷蘭從歐盟 27 國進口 828 千公噸的塑膠廢棄物,並出口 464 千公噸到歐盟其他國家。

註2　荷蘭政府給回收業唯一的補貼是 Subsidy Circular Plastics NL,這是專門鼓勵新創回收產業或研究機構提高回收品質及效率的補貼。

註3　在此感謝艾瑞克・德佛里斯(Eric de Vries)對本文蒐集資料與校對上提供的協助。

02

吳婧儀

牛糞做衣服？荷蘭綠色時尚發展

　　隨著 2000 年網際網路開始普及帶動全球供應鏈整合之發展浪潮，服飾產業開始了「快時尚（fast fashion）」的新型商業模式，快速的產品開發和靈活的供應鏈實現了對市場需求的快速反應，品牌服飾業者每週在店鋪上架新款商品，消費者則可以低廉的價格買到新潮服飾，許多快時尚知名品牌如 H&M、ZARA、Uniqlo，大舉進軍全球各城市購物商圈等菁華地段。一時之間，快時尚蔚為風潮。殊不知，當我們享受快時尚帶來的平價購物樂趣和常穿新衣的滿足感時，背後卻隱藏許多巨大的環境危機和問題。

　　2013 年 4 月 Rana Plaza 成衣工廠意外坍塌事件，造成廠內共 1,134 人死亡，這場災難引起了國際社會對快時尚供應鏈的關注，特別是西方品牌委託發展中國家代為生產工廠中的工作環境和工人權益。眾人意識到，原來這些平價衣物，是用許多亞洲血汗工廠的廉價勞工，領著極低薪沒日沒夜工作換來的。同時，價位便宜和週週上新款的行銷

手法刺激消費者越買越多，但快時尚商品品質大多不佳，衣服通常穿不了多久就損壞，這樣的商業模式使得大量衣服不斷被製造，卻也很快被丟棄淘汰。自 2002 年以來，全球服裝生產量超過過去的兩倍，消費者的平均購物量增加了 60%，每件服裝的保有時間減半，時尚紡織產業也成為全球二氧化碳及汙染排放最多的產業之一。除了加速環境資源消耗，成衣製造過程產生的有毒廢棄染料、廢水嚴重汙染環境，再加上滿坑滿谷無法計數的時尚廢棄衣物處理問題，這一連串的負面效應不只影響居住環境，更深深影響下一代的未來。

未來時尚 = 循環時尚

2030 年在市場販售的紡織商品，將為耐用並可回收再利用，且大部分由可再生纖維製成，不含有害物質。消費者將從高品質、可負擔價格之紡織商品中受益，「快時尚」已不再流行，而具有經濟效益的紡織商品再利用相關服務和修補服務將更為普及。

——歐盟（EUROPEAN COMMISSION）發布對 2030 年歐洲紡織產業之願景，EU Strategy for Sustainable and Circular Textiles, 2022

為因應全球暖化、全球人口快速增加可能導致未來資源短缺的壓力，聯合國和歐盟在過去十年紛紛將「永續性」和「循環經濟」納入未來 10～30 年全球發展的重點大綱。而在荷蘭，政府更訂定於 2050 年荷蘭境內所有廢棄紡織品 100% 都要回收，紡織商品皆以永續方式生產的目標。

為因應這項政策目標，荷蘭時尚、紡織產業皆大刀闊斧轉型中，

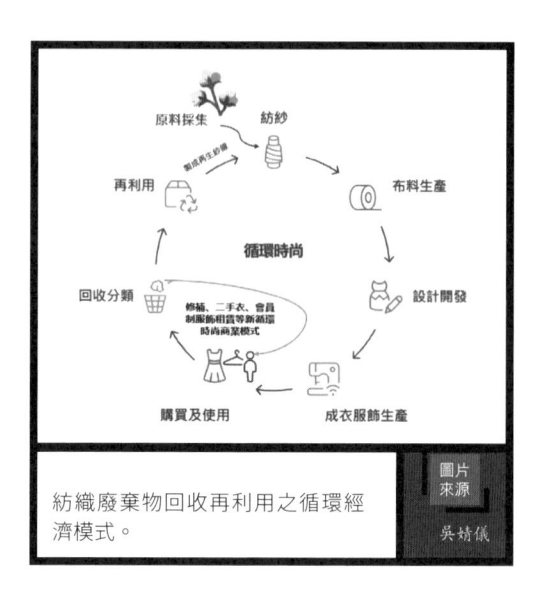

經由重新審視整個時尚的設計、製造生產與商業模式，尋找更有效運用資源和讓環境得以永續的方法。「循環時尚」意即將傳統線性經濟原料採集、製造、使用後廢棄掩埋的模式，轉變成以多元途徑將使用後之紡織廢棄物回收再利用之循環經濟模式（如圖所示）。簡言之，我們可經由三個主要策略途徑：源頭綠色設計如開發選用永續性可回收再生材料、建立新的循環商業模式如二手衣或租賃等延長商品生命週期方案、以及開發紡織纖維回收再利用技術和相關基礎設施建置，達到零廢棄並減少環境汙染，與紡織資源循環利用最大化和減少資源開採的目的。接下來將介紹六個荷蘭與這三項策略相關的實際案例。

紡織廢棄物回收再利用之循環經濟模式。

圖片來源 吳婧儀

荷蘭循環時尚案例分享 1
永續性原料發展－便便的力量

牛糞跟服裝？很難將這兩樣東西聯想在一起吧！在酪農業蓬勃發展的荷蘭，牛糞成為嚴重困擾。這是因為牛糞中含有磷酸鹽，且過多的牛糞產生超過環境能負荷的「磷酸鹽上限」。過多磷酸鹽排入河流或滲入地下水後導致藻類大量繁殖，水中的氧氣被藻類消耗並產生對人類有害的潛在毒物。若要減少糞便等同得減少乳牛飼養的數量，又

會直接影響牛奶、奶油和起司的產量，這對酪農來說是很困難的抉擇。

終於，荷蘭服裝設計師 Jalila Essaïdi 在她的生物藝術實驗室，研發出方案，解決這個牛糞危機。Jalila 利用循環經濟的概念，透過「解構」糞肥，從牛糞和磷酸鹽當中分離出纖維素，而這些被萃取出來的液態纖維素可轉化為生物塑料、生物紙張或生物紡織品。Jalila 巧妙地利用牛糞製成的布料設計成服裝，並舉辦一場服裝秀來展示「牛糞衣」系列。這些牛糞衣沒有異味且質地柔軟、耐用，看起來也與一般衣服沒兩樣，誰也想不到這些衣服其實是用牛糞做的。

Jalila 也以該系列參加 2017 年由 H&M 旗下非營利組織 H&M Foundation 舉辦的 Global Change Award 並拔得頭籌。或許在未來，牛糞衣的概念可以成為時尚產業汙染問題的解藥之一也說不定。當然，當中最重要的還是，牛糞做成的生物塑料可以分解，比石油更環保，這也是這項技術的重要意義之一。

荷蘭循環時尚案例分享 2
永續性原料發展－芒果省魔術

在鹿特丹，兩位年輕設計師 Koen Meerkerk 和 Hugo de Boon，看到已開發國家常見的食物浪費問題，以及想保護動物，減少其因皮革製造而被屠殺，讓他們開始構思可以取代動物皮革的方法。

由於對循環經濟給予廢棄物新價值的概念非常推崇，加上兩人具有空間設計的背景，他們以開發新材料的觀點出發，進一步研發出將原本應被丟棄銷毀的即期芒果，轉化製成水果皮革（fruit leather）的新

點子。芒果皮革的主要製造步驟為：磨碎、加熱烹煮、乾燥，再經過特殊加工程序，使其外觀看起來更像皮革。

當然，芒果皮革也可以套用一般皮革染色或印花的加工程序，來增加其應用的多樣性。由於芒果皮革是利用天然材料製成，其製造加工過程較其他大多數傳統皮革更為乾淨環保，水果皮革對於環境和動物也是較無害的。目前，這個芒果皮革計畫還在進一步開發中，希望未來可被用來做成鞋子、包包或更多其他商品。

荷蘭循環時尚案例分享 3
循環時尚商業模式－MUD JEANS、G-STAR RAW

MUD Jeans 為荷蘭牛仔服飾品牌界中的永續模範生，已投入商品永續發展多年，並透過創新和實踐推動循環時尚。MUD Jeans 品牌的官網上提供獨特的商品租賃服務機制，消費者可以選擇以每月小額費用租賃牛仔褲。使用一年後，顧客可以決定選擇歸還、換新的一件，或者保留，且無論選擇哪種選項，MUD Jeans 皆提供免費維修服務。在使用結束時，MUD Jeans 將回收顧客的舊牛仔褲，並將它們再製成嶄新的牛仔褲。除提供創新商品租賃模式，該品牌亦致力於永續材料的開發、環保生產技術以及實現企業社會責任的承諾。

另一循環時尚的創新商業服務範例為荷蘭牛仔品牌 G-STAR RAW。其於 2023 年成立品牌之二手衣平臺，消費者既可以在平臺上轉售自己的 G-STAR 服裝，以進一步延長衣物的生命周期，也可以在平臺上購買品牌二手衣，以行動實踐具永續精神的消費購物方式。顧客只需將想要給予第二次生命的衣物快遞給品牌回收，團隊收到衣物後

則會估價,並給予消費者相對應的回饋金或折扣,再將衣物重新整理恢復原狀後,即可再上架出售。

荷蘭循環時尚案例分享 4
－循環紡織之纖維到纖維回收再利用技術

　　Brightfiber Textiles 於 2023 年在阿姆斯特丹啟動一紡織纖維回收再利用工廠,以 Fibersort 機器將舊衣物分選並切碎,再轉化為高品質的纖維和紗線,並用這些材料再製成新衣服。該工廠每年可以從廢棄紡織品中生產約 250 萬至 300 萬公斤的紡織原料,幾乎等同於阿姆斯特丹整座城市的紡織品年回收量。該工廠之環境效益,除可節省水資源,減少對汙染性化學品和染料的需求,還可因在當地生產而減少與運輸相關的二氧化碳排放。Brightfiber Textiles 亦獲得荷蘭循環經濟主管政府機關的部分資金支持,阿姆斯特丹也因此成為歐洲首座完全循環紡織工廠的所在地。這象徵著循環時尚發展的一大步,也符合荷蘭在循環紡織領域成為領先者的願景。

荷蘭循環時尚案例分享 5
－阿姆斯特丹的永續時尚先驅 Duran Lantink

　　Duran Lantink 為來自阿姆斯特丹的環保服裝設計師,於 2016 年創立同名服裝品牌。Lantink 的目標是生產永續、道德和創新的服裝系列,並與阿姆斯特丹的遊民社區和紅燈區的性工作者等不同社區合作。Lantink 以其對時尚升級再造(Upcycling)的承諾而聞名,像是使用廢棄的奢華服裝來生產他創立服裝品牌的系列商品。他對永續時尚的創

新設計,也讓成為 2023 年 ANDAM 法國時尚大獎的特別獎得主。

荷蘭循環時尚案例分享 6 － Fashion for Good

　　Fashion For Good 是一間實踐永續時尚的非營利組織,主要透過與時尚產業界的大集團、新興中小企業或學術機構等進行創新加速、教育推廣、協作網絡和研究開發,為推動永續時尚和循環紡織做出貢獻。其綜合性策略不僅支持技術開發和商業模式的創新,更透過成立「Fashion for Good 永續時尚博物館」（Fashion for Good Fashion Museum）,以策劃不同主題展覽的方式,向社會大眾陳述產業改革與永續發展的必需性,藉此提高公眾和產業對永續發展、循環經濟重要性的認識。Fashion for Good 同時也是歐洲區域的永續時尚新創基地,整合該產業各界之資源技術與創新量能,促進全球範圍內相關單位的協作和變革。

結語

　　荷蘭於 2017 年左右,便在產界的共同討論、倡議和積極投入下,推動永續時尚的發展。隨著時間的推移,荷蘭政府也加入這一行列,攜手實踐循環時尚的願景。透過上述案例分享,展示了荷蘭如何將創新和永續概念相結合。這場時尚產業的綠色革命,旨在讓這美麗的地球可持續傳承給下一代。

03

林育瑄

零剩食之路，串聯每一個人

你知道嗎？如果將剩食（wasted food）視為一個國家，其碳排放量將是全世界第三大。數量龐大的剩食不僅帶來後續處理問題，生產這些食物更會浪費土壤與水等資源，加重環境負荷。因此，也難怪聯合國將剩食納入永續發展目標（Sustainable Development Goals, SDGs）裡頭。SDGs 第 12 項「責任消費及生產」的子目標就明確指出，要在 2030 年前將零售與消費端的人均剩食減少一半。

臺灣的剩食量在東亞名列前茅。依據 TVBS 於 2023 年的報導，臺灣每年有平均超過 405 公噸的糧食損耗[註1]。如何減少糧食浪費，是臺灣的重要課題。我們來看看身為歐盟的一員，荷蘭如何遵守歐盟目標，針對剩食問題提出相關對策。

自詡為永續發展領頭羊的歐盟，如何規範剩食目標？

在歐盟，每年有超過 5,800 萬噸、價值約 1,320 億歐元的剩食。相當於 2.54 億噸二氧化碳的碳排放量，約占歐盟糧食系統的溫室氣體排放總量的 16%。

為此，自詡為全球永續發展領頭羊的歐盟，設定了 2030 年的剩食減少目標，要求其成員在加工和製造過程減少 10% 的食物浪費，零售和消費（餐館、食品服務和家庭）則人均減少 30%，該目標屬於「歐盟廢棄物框架指令」（Waste Framework Directive）的一部分。

同時，歐盟也要求成員國採取必要措施，並擬定國家級的剩食預防計畫（National Food Waste Prevention Programmes）。根據歐盟說法，如果確實擬定並執行計畫，一戶四口之家每年將能節省 400 歐元。

荷蘭以國家級議程，共四大面向，串起政府、企業與民間各部門

在荷蘭，每年有約四分之一的食物被丟棄，平均浪費的食物量落在 170 萬噸到 250 萬噸間[註2]。若與歐盟其他國家相比，荷蘭家戶每年人均食物浪費量，2021 年時在歐盟排行第五糟糕，平均每人每年浪費 148 公斤的食物[註3]。現階段，荷蘭的目標與聯合國相同：以 2015 年的數值為基準，在 2030 年前減少一半的食物浪費。

為達成此目標，荷蘭應對剩食問題的主管機關為農業、自然與食物品質部（Ministry of Agriculture, Nature and Food Quality, LNV）。而在預防剩食政策的推廣上，則有一個國家級議程，由 LNV 補助「共同對抗食物浪費基金會」（Food Waste Free United Foundation, FWFUF；荷蘭文為 De stichting Samen Tegen Voedselverspilling）負責統籌推動。目前，這個組織和超過 110 個利害關係人和重要支持者合作，涵蓋食物供應鏈的不同階段，如荷蘭各大超市（例如 Albert Heijn, Jumbo, Lidl）、食品業者（例如麥當勞和肯德基）、地方政府（如阿姆斯特丹市政府）、學術機構（以瓦赫寧根大學（［Wageningen University & Research, WUR］）為主力）和民間團體等等，範圍之廣，連荷蘭銀行（ABN AMRO）都是其成員。

　　現階段，FWFUF 主要從四個面向行動，來應對荷蘭的剩食問題。

第一，測量。

　　FWFUF 與瓦赫寧根大學合作，開發一套用以測量公司與組織內部剩食的模型，協助私部門評估其剩食流向，以利採取有效因應措施。這套利用「目標－測量－行動」（Target-Measure-Act）來減少剩食的模式，已經證明有效。當新組織想要參與測量時，只需將其資料提供給瓦赫寧根大學，便可得到個別回饋。目前對於超市、馬鈴薯生產商、蔬果公司等，FWFUF 也發展出相對應的評估與建議模板。

第二，針對私部門採取行動。

　　結合食物生產鏈上的不同部門，鼓勵合作及分享知識，減少各階段的食物浪費。針對不同種類的企業，FWFUF 分別提供能著力的減少

剩食措施和適用建議，以及科學面向的協助。例如，針對批發商，提供的建議就包括監測、更精準預測保存期限的工具和包裝，或是捐贈食品等。

針對私部門的作為，本文稍後以荷蘭市占率最高的超市：Albert Heijn 為例，進一步分享荷蘭企業投入哪些努力來減少剩食。

第三，和消費者一起。

個別消費者是荷蘭食物浪費的重要因素。2022 年，荷蘭人均浪費 33.4 公斤的固體食物、64.4 公升的飲料，其中又以麵包、蔬菜、水果、馬鈴薯和乳製品為大宗。食物浪費的主要原因，包括過期、購買或是烹調過多的食品。由此看來，從消費者的概念來著手，是減少食物浪費的重要環節。

於是，FWFUF 和荷蘭營養中心（荷蘭文：Het Voedingscentrum；英文：The Nutrition Center）合作，藉由提供烹飪、儲存、購買等不同階段的知識協助，鼓勵消費者減少剩食，進而達成國家的減剩目標。

至於，荷蘭近年還有哪些針對消費者發起的減剩活動？這裡先賣個關子，等等告訴你。

第四，提出修法建議。

除了從企業與個人著手，讓整體社會環境更利於減少剩食也是重要策略。立基於瓦赫寧根大學的研究，FWFUF 列出 10 項應優先改變的現行立法，希望藉由修改相關法制，同時考慮食品安全和減少剩食，

創造出循環食品系統。

聚焦食物的生產、運輸與零售等階段，FWFUF 提出的 10 項修法建議，包括：

1. 將荷蘭剩食定義修正為與歐盟一致（已在 2022 年達成）；
2. 把預防及減少浪費的原則列入歐盟共同農業政策；
3. 避免食品因市場價格太低而以銷毀代替出售；
4. 讓更多不符人類食用標準的食品可以加工成寵物食品；
5. 藉由科技挑選出有問題的品項、避免整批食品都被報廢；
6. 讓廚餘等副產品可以變成飼料；
7. 讓食品包裝可以更永續並能重複利用、同時延長食品壽命；
8. 利用經濟誘因，鼓勵企業將有機剩餘產品最佳化利用；
9. 明確化有關於食品安全和運送標準的立法，以避免多餘的運送時間；
10. 利用智慧監測系統讓食品標示更彈性，只有當食物不適合使用時才會被下架。

除了前述比較嚴肅的倡議，作為知識分享平臺，FWFUF 網站也提供各種實用資訊，作為減少剩食的重要工具。假若民眾想知道特定產品的保存方式與期限，可以從 FWFUF 的網站連結至營養中心資料庫，輸入產品類型，就能瞭解該食品在冰箱與常溫下的保存時限與保存技巧。

除了資料庫，營養中心也提供各種小道具，消費者可以在網站登記索取免費的冷凍保存期貼紙、冰箱產品位置儲存貼或優先食用膠帶，好更聰明地提醒自己保存剩食。此外，民眾也可以在營養中心網站上

瀏覽一週建議食譜及食材清單。甚至，民眾也可以在FWFUF網站找到剩食分享地圖，以及分布在荷蘭不同地區的食物分享團體及其臉書。

分享完荷蘭政府的減少剩食策略後，讓我聚焦「消費者」與「企業」，繼續介紹這兩大群體投入減少剩食的作為。

深入民間改變消費者理念，好落實減少剩食生活

根據調查，有八成荷蘭人願意減少個人的食物浪費。認知到消費者在減少剩食的重要性後，荷蘭政府也大力布署改變消費者觀念的作為。例如，2019年，FWFUF和LNV共同推出「How #waste free are you?」（荷蘭文為：#Verspillingsvrij，中文或可譯為：「你有多不浪費？」）的活動，鼓勵減少食物浪費，尤其針對有幼兒的家庭，因為他們是丟棄最多食物的群體。2020年，針對消費者的活動則著重在幫助消費者區分「使用期限」（use by）與「賞味期限」（best before）的差異，估計這項措施每年可以協助減少五公斤的食物浪費。

而全國性的零食品浪費週（Food-Waste-Free Week）也是FWFUF基金會的其中一項倡議，以2022年的活動為例，目標是鼓勵荷蘭消費者以更不浪費的方式來消費、儲存、烹飪食物，有超過130個夥伴參與活動、提供各種不同的貢獻，包括在媒體、超市或公車站宣傳。這個活動也持續舉辦，2025年的活動時間、將落在9月的8號至14號。

此外，部分城市也會有自己的零浪費週活動，以布雷達（Breda）2024年的零浪費週（zero waste week）活動為例，時間訂在七月第一週，七天內有超過50項活動，多數免費開放民眾參與。這些活動涵蓋生活

的不同面向，其中便有不少剩食利用的主題，包括各種教學，例如發酵教室、野外採集健行與藥膏製作、種植豆芽菜、堆肥製作教學等。當然，零浪費週也避免不了各項體驗活動，例如號召參與者一起挑戰零浪費的野餐，或是體驗用剩食製作的三道菜晚餐等等。

企業怎麼做？來看超市龍頭：Albert Heijn 的努力

看完荷蘭官方目標以及針對消費者的宣導案例後，不妨來看看在減少剩食扮演關鍵角色的零售部門怎麼做吧！根據一份針對荷蘭 8 家連鎖超市（總計約 85％的市占率）的調查，2023 年，超市的食物浪費量與 2020 年相比減少了 13.8％，自 2018 年以來減少了 17.4％(註4)。

但針對減少剩食，超市可以做些什麼呢？就以 2021 至 2022 年間市占率 37％、荷蘭最主要的超市 Albert Heijn（AH）來說，其目標是以 2016 年為基準線，在 2030 年減少半數的食物浪費。目前，AH 祭出不同手段處理不同原因的糧食浪費。例如，使用噴霧確保蔬菜水果保持潮濕及低溫，這個措施也讓香蕉等蔬果不需額外包裝。針對即將過期的新鮮食品，AH 則推出 35％ off 的折扣貼紙，鼓勵消費者購買。AH 也借助科技力量，消費者可使用 AH 的 APP，預定指定門市的當日即期品，並且在指定時間領取。

除了即期品，另一個剩食來源是不符合超市外觀標準的「醜蔬果」，也就是形狀或大小不符標準、但味道沒有問題的產品。對此，AH 或將這些蔬果作為「outsider」上架，或加工利用。其中一個有趣也常見的例子，是柳橙汁。相信居住或曾在荷蘭旅遊的讀者，都會對幾

超市蔬菜架上的噴霧裝置。

圖片來源　林育瑄

折扣貼紙，上面還寫著「共同抵制浪費」（samen tegen verspilling）。

圖片來源　林育瑄

198　│ 03 │零剩食之路，串聯每一個人

乎每家超市都有的現榨柳橙汁機有印象。當柳橙銷量不如預期，或外皮有損壞時，就可以拿來榨果汁。這項措施讓 AH 在 2020 年節省 475 噸的柳橙、用以生產超過 225,000 公升的果汁，減少浪費也降低成本，達成雙贏。對於無法繼續作為食物使用的產品，則將其加工為飼料，或用作沼氣發電用途的原料。根據 AH 網站上的說明，他們已將食物浪費的數量，從 2016 年的 5.5 噸降低到 2022 年的 4.4 噸，節省額度達到 20%，並且繼續朝向 50% 的目標前進。

結語：串起所有利害關係人，而非只著重食物鏈上的單一行動者

剩食問題橫跨食物鏈的各個面向。從降低收穫、運輸、包裝時的損耗、減少零售部門的食品損耗，到改變民眾的消費觀念、減少浪費食物，都是解決剩食問題的重要環節。單單改善其中任一部分，都無法達成目標。既然剩食的涵蓋面向如此廣泛，要改善，也不會是單一行為者可以獨立完成的。

經由本文介紹可以發現，荷蘭減少剩食的思維，不是要求食物鏈上的單一行為者採取行動，而是鼓勵不同部門都加入減少剩食的挑戰。首先，荷蘭明確設定要在 2030 年前減少半數的食物浪費，並設立國家級議程與專責組織 FWFUF，藉由四大面向的策略，以知識分享與輔導評估來協助不同行為者。這個做法，可以讓各種利益關係人根據其狀況，採取不同的減剩行動。

同樣面對嚴重的剩食難題，荷蘭的經驗或許值得臺灣思考，如何設計一套機制，讓不同行為者都能加入其中、替解決剩食貢獻心力，

以達成全方面的減剩。

註1　https://news.tvbs.com.tw/exhibition/world-food-day/2023/index.html。
註2　https://www.rijksoverheid.nl/onderwerpen/voeding/vermindering-voedselverspilling。
註3　https://nltimes.nl/2022/10/25/netherlands-ranks-fifth-worst-eu-food-waste-per-resident。
註4　https://samentegenvoedselverspilling.nl/kennisbank/voedselverspilling-supermarkten-daalt-met-17-4-t-o-v-2018。

04
林宓

風車，與風對話的建築

　　某日因風大，頂著亂髮，逆風騎行之際，突有感而發，興起記錄在這片因風而生的土地上，因風而造的建築。我雖為空間背景出身，但因才疏學淺，在抵達荷蘭以前，總以為風車的種類單一，不外乎常出現於典型的觀光宣傳中大片鬱金香田後方，頂著四片扇葉，搭配墨綠色屋身的建築代表物。然而，在踏上這片潮濕的土地，親眼見到造型各異的風車後才驚覺，它們各自在外型、材料與功能上展現多元，更發現荷蘭人對於風車建築的歷史文化保存與延續工作不遺餘力。

　　Dutch Windmill 逐字翻譯為「荷蘭風車磨坊」，也就是由風力帶動磨具運轉的磨坊。根據荷蘭磨坊協會（De Hollandsche Molen）官方網站[註1]上的分類來看，「風車磨坊」僅為不同動力磨坊中的其中一類，其他還有水力、畜力磨坊等。本文僅針對風力帶動的磨坊做分類描述，並以「風車」簡代之。

英國景觀師 Tom Turner 曾藉風車闡述建築與環境互動的重要性，形容風車是一種只願與風對話的「說話的建築」(Talking Building)(註2)。

看似浪漫的比喻，實則十分適用於荷蘭這塊講求實際又善用環境資源的土地。風大惱人，但荷蘭人卻在百年前，就懂得利用一個自然麻煩去抵抗另一個，創造了堪稱是人類建造史上最積極與環境互動的案例之一。15 世紀以來，荷蘭人即開始利用風車運轉來調節水位以擴大土地面積，作為農用或定居。比方濱斯特圩田（Beemster Polder），該地區於 17 世紀，利用約 40 座風車將整片區域的沼澤排乾，打造道路、河堤與農田網絡，堪稱第一塊人造陸地與規劃美學結合的典範。此案例目前被世界聯合國教科文組織（United Nations Educational, Scientific and Cultural Organization, UNESCO）列為荷蘭 13 個世界遺產（World Heritage）之一(註3)。

除了排水，其實荷蘭風車更早的功能是作為磨坊，輔助勞力，以增加農作、工業的生產量。它可以將作物脫殼、磨粉、榨油，還可鋸木頭、製作油漆顏料、紙漿和水泥砂。直到 19 世紀蒸汽動力出現，傳統風車才漸漸退出日常。據荷蘭磨坊協會的資料顯示，荷蘭靠傳統風車支撐工業的全盛時期，全境約有九千多座風車，目前僅存約十分之一，以磨坊功能居多(同註1)。

現在，若想要體會較完整的風車地景，可以前往同樣被列為世界遺產的艾斯豪特小孩堤坊的風車磨坊網絡（Mill Network at Kinderdijk-Elshout）(註4)。此文化遺產將大片區域視為一個整體調節水位系統，保留風車建築群和與其相連的水利設施、河道網絡、產業設施以及圩田景觀。

荷式風車的基本構造

風車構造命名與帆船有許多相似之處，而這並非偶然，因為它們都是在風力機械原理下發展的產物。好比說，外型如風扇扇葉的「風帆」（sails）與帆船的「帆」英文用語同，控制風車頭方向的「方向舵」（capstan wheel）與船上的方向輪盤「舵」共用。

以下，就來介紹構成荷式風車基本外型的「構造元素」。由上部到基座，大致分為三大部分。

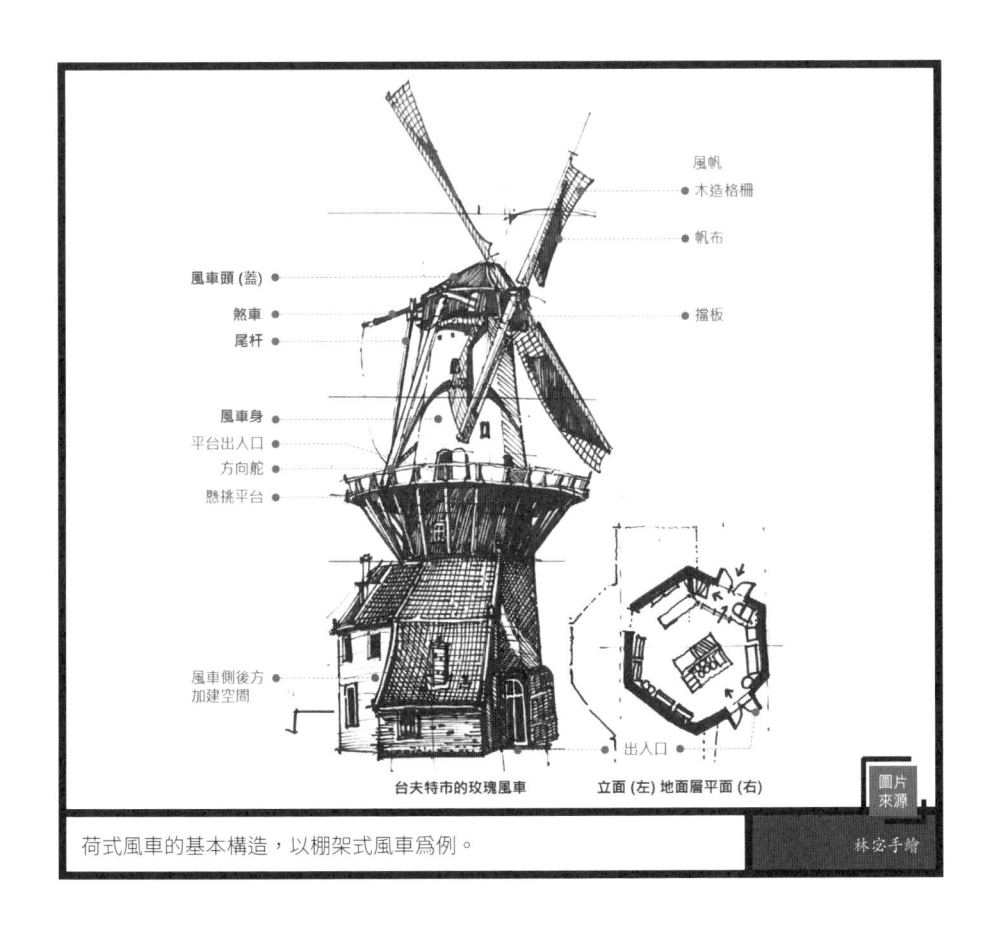

標示：風帆、木造格柵、帆布、擋板、風車頭(蓋)、煞車、尾杆、風車身、平台出入口、方向舵、懸挑平台、風車側後方加建空間、出入口

台夫特市的玫瑰風車　　立面(左) 地面層平面(右)

圖片來源：林宓手繪

荷式風車的基本構造，以棚架式風車為例。

Chapter 3　環境永續篇

203

1. 風帆（sails）

　　此部位可分作兩部分：四組木造格柵框（frame）以及外附的大面帆布（sail cloth）。風帆可說是風車最重要的構造——製造風能的源頭。風車風帆的長度、形狀與位置會決定一座風車的產能效益。風帆的斜度與地面也並非垂直，會稍作仰角傾斜，以利捕風，因此細看，風車頭略有仰頭之姿。

　　有趣的是，風車有上下班時間。每天一早，風車主人會將固定的繩索鬆開，將大面帆布展開。當風起時，帆布受風產生阻力，風帆藉此被推動，帶動內部齒輪，與風一天的嘮叨就此展開。到了傍晚下班之際，風車主人再把帆布捲起固定。日復一日。

2. 風車頭（cap）與尾杆（tail pole）

　　此部分亦為木構造。外觀如帽，罩住頂部主要聯繫著風帆的轉動齒輪，和其往下帶動中央的大木主幹（post）。風車頭前方下緣通常會有塊飾有色彩紋樣的擋板，著有風車的名字和建造年代，主要目的為防止雨潑灑進風車頭與其身之間的縫隙。

　　然而，風車頭並非固定不動。每日，在將帆布掛起前，風車主人會依著風向，操作聯繫在風車頭後方、位於尾杆交叉點上的方向舵。藉由轉動舵輪帶動風車頭下方絞盤，將風車頭轉向風力最強處——風眼（eye of the wind）[註5]，使風能效率達到最高。簡單來說，可以把尾杆想像成風車頭的辮子，而舵輪就像尾端的蝴蝶結。風車主人透過抓住風車身後的蝴蝶結操控辮子與頭的方向。

3. 風車身（body）

　　此部分依風車身內部結構以及其是否承重而有所差異，常見有木構及磚石構造。若從空中俯瞰，此種建築的平面輪廓多元，有圓筒錐型與幾何型，幾何型從四面到八面體不等。建築高度從基座算起直至風車頭，通常為兩層樓至十二層樓不等（以一層樓 3 公尺來算）。風車的高度主要以附近地勢和捕風程度來決定，若建造的基地位在已建成的城市地區，就會增加其高度，以閃避周邊建築，利於捕風。地面層附有主要出入口。另外，依據風車的高度或其下層使用的規劃，風車身上會加上與風帆長度相符的木造懸挑的平臺（stage），有利於每日吊掛拆卸帆布與移轉風車頭方向的工作。

荷式風車依「外觀造型」的分類

　　根據前文介紹的三大部位，若根據風車的建築平面與外觀造型，可略分為五種。

第一種：柱樁式風車（post mill），又稱標準風車（standard mill）

　　此種風車整體為木造結構，內部以大木作為主幹支撐整個風車，為最早期的風車類型。主幹與其周邊帶動的齒輪幾乎占據風車整體；翼板附於風車頭頂部，車身多為四面體，下方未封板，可看見木樁基座（trestle）由下方伸出，通常以三足或四足鼎立。此種風車外型通常低矮，如小孩穿大人衣裳，衣襬下方露出小短腿。如布爾坦赫（Bourtange）的堡壘風車（Vestingmolen）。有些風車主人為了使木樁基座免於日曬雨淋，會在其外搭起一圈像圍裙一樣的房屋結構作為遮

由左上至右上，依序為柱樁式的堡壘風車、空心柱樁式的布拉克威爾風車、罩袍式的風箏風車，以及棚架式的北風車。由左下至右下，依序為仿古外型的綠能諾立風車、鋸木功能的老鼠風車、賈斯克風車，以及混合型的艾德良風車。

圖片來源 林岊

擋，也成為具儲物功能的穀倉。如此外型晉升成為猶如雙層鴿舍，頗具童話感，如萊登（Leiden）的井風車（De Put）。

第二種：空心柱樁式風車（hollow-post mill 或 wip mill，來自荷文 wipmolen）

此為柱樁式風車進化版。整體外觀與其類似，但高度多出許多；上端的房舍亦相對變小，下端猶如金字塔的房舍占地面積加大，荷蘭人形容它們有如曠野中的優雅少女，細腰大蓬裙。其最大不同在於，內部結構的改變。原本幾乎為了結構功能占盡空間的中央大根木柱，改由四

周的木框架作為新結構以分散重量，中央的木柱由較細木柱取代。底部的房舍由於占地面積大，內部多出額外空間，常作為起居空間使用。房舍設計正反面、雙出入口，當風車頭轉向某一出入口面時，該面的門板會保持關閉狀態，以防有人在進出時不小心被風車翼板送飛到遠方。此種風車通常用於調節水位，矗立於水道旁，如小孩堤防上的風車博物館，布拉克威爾風車（Museummolen Blokweer, Kinderdijk）。

第三種：罩袍式或稱工作服式風車（smock mill）

此種風車因風車身體像穿著舊時農夫罩袍（smock）而得名。整體多為木造結構，基座由磚石構成，常見的平面輪廓為六角或八角型。風車身外覆雨淋板（weatherboard）或茅草（thatch），略帶腰身，罩袍延伸平面輪廓的分割，有如百褶裙，裙襬末端略微上翹，外型如衣著保守的婦女。據說，此種風車為中世紀後最受農夫歡迎的類型，易建造又耐用。此種風車為郊區與小孩堤防附近常見的類型，也常被改造成以風車為主題的觀光休閒景點。如弗堡（Voorburg）的風箏風車（Molen de Vlieger）。

第四種：平臺風車（stage mill）或棚架式風車（scaffolding mill，意近荷文 stellingmolen）

多為磚造與木造結構結合，平面呈圓型或幾何型，外型高聳如塔，身材比例修長，顯得精神奕奕。由於 17 世紀荷蘭社會經濟蓬勃發展，隨產量需求提高，作業與儲存空間亦增；同時翼板長度加大，整體建築高度隨之增長，有時可達七層。調整翼板的工作平臺由地面往上移至塔身外側，讓風車主人便於操作。地面層設有雙出口，讓馬車或工作車方便運送與堆放貨物。其地面層，時常留有由附近倉庫或運河延

伸進風車內部的運送軌道，可以想像當年工作繁盛的景象。此種風車類型的優點是，善於突破基地周邊建築或樹木遮蔽物高度的限制，利於捕風。由於在興建風車前，不用特意尋找空曠的基地，因此廣受風車主人的愛戴，常見於建設發展較密集的城市區域。

若要觀賞棚架式風車群，推薦前往離鹿特丹（Rotterdam）市中心約騎行15分鐘的斯希丹（Schiedam）。此市鎮目前擁有荷蘭最高的傳統風車北風車（De Noord）以及其他六座沿新港運河（Nieuwe Haven）河畔矗立的棚架式風車群。不僅如此，2005年該鎮的諾立（Nolet）家族企業更打造出，荷蘭第一高（總高43公尺）以傳統風車為造型、內部現代化，使用當代綠色能源的諾立風車（De Nolet）[註6]。

第五種：賈斯克風車（Tjasker／Jasker）

賈斯克風車為體積最小、純排水用風車。其外型有如大砲鋼桶，一端橫斜沒入沼澤中，另一端朝天，身體中端則另有一個口朝向排水渠道。朝天側有如炮口的端頭擁有四片翼板。風起時，前方翼板帶動後方阿基米德螺旋式抽水裝置（Archimedean Screw），將水從沼澤中抽至排水渠道。此為早期抽水設施，多分布於荷蘭中部與北部省分，據說全境只剩下20座[同註1]。

當然，不是所有風車都能輕易被歸類在上述的任何一個分類。除從「外觀造型」來歸納，有些資料依風車所在的「基地特性」來分類，如丘上型風車（hill mill，荷文為 beltmolen 或 bergmolen）；依照「功能」來分，如專指鋸木的風車（saw mill）如艾斯特（Ijlst）的老鼠風車（De Rat）等。另外，還有許多「混合型」風車，如位於哈倫（Haarlem）的艾德良風車（Molen de Adriaan），其上身有如罩袍式，但非覆茅草，

而是外覆黑色雨淋板的八面體木造結構；下身則為塔式風車，並與磚造房屋合為一體。

再者，除了純排水式風車賈克斯，風車的「外觀型態」、「材料」與「功能」之間並沒有百分之百的絕對關係。說到底，風車類型為何，端看其所身處的周邊環境，以及內部設施。當然，最準確的就是親自前往；或上網查詢政府設立的荷蘭磨坊資料庫（De Nederlandse Molendatabase）(註7)，輸入風車的名字或所在地，就能獲知該風車的種類、功能、建築細節與修復紀錄。

每年五月的全國風車日，持續提醒風車文化資產對這塊土地的重要性

每年五月第二個週末，荷蘭全境的風車，會配合全國風車日（Nationale Molendag），免費對外開放與導覽，讓民眾瞭解荷蘭風車文化與生活。荷蘭磨坊協會將 2022 年的主題設定為磨坊主人年（Year of the Miller），感謝這群持續默默維護著荷蘭文化資產的工作者。

封城期間，由於近半年無法參訪博物館與室內藝文場所，內心在幾近枯竭之際，卻意外多了些時間馳騁於荒野中化身為唐吉軻德，做個破風的勇者。騎士們，下次出門，別梳頭了，歡迎來拜訪那些與風來回咆嘯的建築吧！

| 註1 | 荷蘭磨坊協會（De Hollandsche Molen）官方網站：https://www.molens.nl/english/。
| 註2 | Turner, Tom. 1996. City as Landscape: Talking Building. 原文 "Windmill always talk."（風車總是在說話。）"Windmills say: 'We speak only to the wind.'"（風車說：我們只與風對話。）
| 註3 | 濱斯特圩田（Beemster Polder）：https://whc.unesco.org/en/list/899/。
| 註4 | 風車磨坊網絡（Mill Network at Kinderdijk-Elshout）：https://whc.unesco.org/en/list/818。
| 註5 | Stokhuyzen, F. (1962). *The Dutch Windmill*. Merlin Press.
| 註6 | 諾立（Notlet）釀酒廠官方網站：https://www.noletdistillery.com/en/agecheck。
| 註7 | 荷蘭磨坊資料庫（De Nederlandse Molendatabase）：https://www.molendatabase.nl/。

05

張芸翠

不再擁有
——托馬斯・勞的循環設計思維

你能否想像,未來你購買的不再是燈泡、冰箱等「設備」,而是採光、冷藏的「服務」?這個由荷蘭建築師托馬斯・勞(Thomas Rau)提出的循環經濟模式,將翻轉當代工業和建築設計的思維。

托馬斯不僅是位建築師,也是革命性經濟系統的設計者,他將現代一次性的消費模式轉變為永續,將能源浪費轉變為最大化利用。他認為,這些改變並非由具有環保意識的消費者決定,而是商品的製造者。當消費者購買的不再是商品而是「服務」時,為了追求利潤最大化,供應者將會提供更耐久的產品。從此,維護和回收成本的責任,從消費者移轉回供應者,消費者從「擁有者」身分轉為「使用者」。這項革命性的轉變已在荷蘭的飛利浦(Philips)公司、阿姆斯特丹史基浦機場(Schiphol)和德國博世(Bosch)、BMW公司開啟先章。

荷蘭建築師托馬斯・勞。

圖片來源：https://nl.wikipedia.org/wiki/Thomas_Rau#/media/Bestand:MVO_Nederland_afscheidssymposium_Willem_Lageweg_(27972701676).jpg

循環設計理念的源頭：一顆燈泡

　　托馬斯的靈感來自一顆燈泡的故事：在美國北加州利佛摩市（Livermore）的小消防站裡，有一顆持續發光的百年燈泡，運作至今超過989,000小時，壽命超過113年。西元1879年當愛迪生發明燈泡時，這項產品設計代表著一種解方：幫助人們的生活變得更為便利和簡單。早期的燈泡製造商不斷努力，致力提高燈泡的耐久性，當時燈泡的效率甚至可以達到2,500小時。

然而，良好設計卻也產生了另一個問題：當製造商出產高品質的產品，消費者則不再需要不斷購買新產品，製造商變得無利可圖。自此之後，一種新的獲利模式產生了：計畫性降低產品品質，以確保製造商的收益。瑞士的燈泡製造商太陽神（Phoebus）在 1924 年提出卡特爾（Cartel）計畫，聯合當時的主要燈泡製造商（美國的通用電器、荷蘭的飛利浦等），透過控制白熾燈的壽命，操縱燈泡的製造和銷售，將燈泡壽命減少至 1,000 小時。這個大規模的計劃性技術倒退成為全球經濟歷史上的重要標誌，減少了燈泡行業間的競爭，卻防止生產長久使用壽命燈泡的技術進步，被稱為「燈泡商的陰謀」（The Light Bulb Conspiracy）。

循環設計理念的關鍵：超脫產品設計的週期

對此托馬斯如此評論：以往的產品設計是為了提供解方，如今卻是製造問題。當代產品設計有兩種生命週期：一個是產品的「使用壽命」、另一個是「效能壽命」。效能壽命意指你能享受產品的時間，例如購買智慧型手機，極少數人因為手機損毀而購買新的型號，而是因著新的系統功能或是造型設計。現在人注重的是效能壽命，而非使用壽命，這所產生的結果便是更多的浪費。另外，製造商為了確保更有效的收益，計劃性地降低產品的使用壽命，這種策略反映在產品的保固時間設定，結果也是產生更多浪費。

為了解決這種困境，托馬斯說唯一的辦法就是翻轉當今思維，將產品視為一種「服務」。其實我們對於這種觀念並不陌生，誰會為了飛去紐約而買一臺飛機呢？我們可以複製相同經驗在任何商品上。

循環經濟模式的嘗試：翻轉製造商責任，讓消費者只購買產品的「服務」

2009 年的某一天，托馬斯邀請荷蘭燈泡製造商：飛利浦的銷售人員到他的建築師事務所坐坐。他說：我需要的是照明，不是燈泡，我需要每年 1,260 小時 300 流明的照明。銷售人員聽到他的聲明時顯得不知所措，詢問道：所以你不想買燈泡？托馬斯回答說：如果你們覺得燈泡是唯一提供照明的方法，那是你們的選擇，並不是我的問題；我希望你們提供的，僅是我需要的照明服務。

這些銷售人員思索了許久以後，終於被托馬斯說服，決定為他量身訂製一套照明計畫。他們指著計畫圖說：我們需要這麼多數量的燈泡以提供你們所需的照明。托馬斯接著說：電費也是你們的問題，因為我不需要能源，我需要的是照明。這名銷售人員緊張回應說：這樣的話，我需要再回去與設計部門商量。於是，他們試著降低所需的燈泡數量，並達到同樣的照明效果。

藉著這種「服務」的概念，產品選擇的責任和後果轉至製造商方，不再於消費者方。以往購買擁有商品後的後果是由消費者承擔，現在則能直接轉移到製造者身上。例如這個飛利浦的故事，製造商會更加注意產品設計的效率，因為是他們需要支付電費。使用稀少的貴金屬、製造耗電的燈泡等問題是燈泡製造商們自己的困擾，並不是消費者要去解決的問題。藉著這個新模式，當代產品設計的思考流程能夠重新翻轉。

《流明計價》計畫：重組產品，將商品轉為服務

　　托馬斯和飛利浦的銷售人員 Frank van der Vloed 將這個嶄新的合作企劃命名為《流明計價》（Pay per Lux），目前這個計畫達到比一般荷蘭辦公室照明節省三到四成用電量的成果。對於一個編制約一百人左右的辦公室而言，這意味他們一年能省下 12,000 元左右的電費（折合臺幣約 50 萬元）。他們更進一步將這個成功經驗應用在荷蘭首都機場──阿姆斯特丹史基浦機場的照明設計及維護上。

　　托馬斯再更進一步解釋說明這個《流明計價》計畫：一般你購買一個 LED 燈泡，因為其後的驅動器損壞，你需要購買一顆全新燈泡。然而，他們在史基浦機場發展了一個新模式：他們改變了 LED 燈泡的設計，如果一顆燈泡損壞時，他們能更換裡面的驅動器，使用既有的燈泡。他們和史基浦機場簽訂了為期 15 年的長期合約，燈泡製造商飛利浦公司藉由史基浦機場「租用」他們的燈具而獲利，燈具的維護和修理不再由消費者、而是由製造商負責。他們將這種產品設計思維稱作「重組商品」（reassemble product），托馬斯說，拆解商品容易，重組商品困難，為了日後能重組所設計的商品，設計者必須重新思考剛開始商品的組裝流程。藉此，一個商品才能轉變成一種「服務」。

社會住宅的家電租用計畫

　　托馬斯繼續將「服務」設計概念應用在其他系統：有一天荷蘭一間名叫艾更哈德（Eigen Haard）的社會住宅公司來找他諮詢，說明他們正面對艱難困境：越來越多的住戶付不起房租，其原因是這些住戶無法面對不斷高漲的電費，而這樣的問題源自於他們無法負擔售價雖

高、效率卻較好的電器用品,只能買較便宜、卻又相對耗電的商品,其結果卻是日後需要負擔昂貴的電費,甚至出現電費比房租還要高出三倍的案例。

托馬斯和這間社宅公司決定,與德國電器製造商博世公司(Bosch)在阿姆斯特丹的一棟社宅開啟電冰箱的合作企劃:他們告訴艾更哈德公司的住戶,他們能購買冰箱冷藏的「服務」。其中一名住戶卡達(Cadat)非常贊同這項計畫,他現在每個月只要繳十歐元就能使用最高規格的電冰箱,不需要再花上千歐購買。卡達說這個計畫能夠讓沒有良好財務條件的人們使用良好的商品。而七年以後,他所使用的電冰箱將會被製造商博世回收,其中使用的材料和金屬可以被重新利用。

托馬斯提出消費者只購買服務的概念,同樣引起荷蘭一家洗衣機製造商的興趣,但困擾他們的問題是:當洗衣機壞掉時該怎麼辦?托馬斯說,提供良好的服務是他們的責任,因此他們該負責商品的修繕。這個洗衣機製造商便發現問題的癥結:他們說,一般購買新的洗衣機後,3 年內水泵會損壞,5 年後門扇會脫落,6 年內電路將會熔解,這時他們發現產品設計的過程製造了更多問題,他們應設計並生產能使用 15 年以上的洗衣機。在舊的經濟系統裡,並沒有這樣的獲利模式,藉由這個新的概念,製造商能夠再次設計並生產良好的商品。

循環設計理念的價值:沒有任何東西該被視為「廢棄物」、建立產品的「材料護照」

托馬斯強調我們需要翻轉當今產品設計的線性流程,將產品視為材料的儲存容器,產品在消費者手中不再是私有物,而是一種服務。

在消費者享受產品提供的服務後，產品會被送還給製造商。為了商品的回收與再利用，製造商會設計並生產容易拆解的商品。

為什麼這是一件重要的事呢？在一般的情況下，當產品不再被需要後，我們將之丟棄、產生許多廢棄物，回收公司再來收購處理。雖然產品裡面有銅料、玻璃、鋁片等有價值的材料，但是要拆解出這些材料太昂貴了，通常回收公司將這些廢棄物送進焚化爐。雖然荷蘭政府聲稱他們回收再利用焚化爐的熱能，稱之為「綠色能源」，我們使用這些綠色能源的同時卻永久失去這些材料，當代的焚化爐就是寶貴材料的「火葬場」。但是，沒有任何東西該被視為廢棄物。

在托馬斯構想中的新經濟系統裡，將不再有「廢棄物」的概念。所有材料將會擁有「身分證」——「材料護照」。身為建築師的托馬斯認為，每棟建築物也應該要擁有一本的「材料護照」，清楚地記載哪些元件使用了哪些材料。當所有材料都有自己的身分證，它們就不再會「遺失」了，所有的產品都會是材料的集合。

材料護照的應用：遊樂園的啟示

在荷蘭，流動遊樂園的工作人員將遊樂設施之稱為「齒輪」（gear），這些「齒輪」們必須達到可重新組裝、可移動、可負擔等條件，因為他們知道這些建築們是「暫時性」的。托馬斯認為，所有建築物都該被視為巨型的暫時遊樂場，所有材料都擁有各自的身分證，能被重新拆解和組裝，無論是商品、建築、甚至是地球，都該被視為儲存材料的倉庫。

托馬斯將這樣的概念應用在荷蘭能源電網公司阿利安德（Alliander）位於德伊芬（Duiven）總部的建築改造上，這個專案需要一個面積高達 6,500 平方米左右的巨型屋頂，需要大跨度的鋼構設計。一般而言，建築師會諮詢鋼料供應商，但這是一項錯誤的決定，因為這些供應商的獲利模式多半建立在建議建築師超量設計、以增加鋼材需求，但是業主需要的是一座安全、美觀又便宜的鋼構屋頂。這樣的屋頂要找誰來設計呢？托馬斯找來流動遊樂設施的設計公司，結果，他們為托馬斯設計的輕量屋頂比同類型的建築物少了三成鋼材用量。另外，這棟建築所使用的建築材料80%是回收再利用的再生建材，這棟建築也是全世界第一棟擁有「材料護照」的循環建築。托馬斯說：再過 15 年後，這些材料也都可以被拆解取出並且再利用。誰能夠預料 15 年後的需求？因此我們不需要不能移動和拆解利用的建築。

荷蘭 2013 永續建築設計大獎作品的核心理念：現在做更多，以後的問題就更少（more will then be less）

托馬斯為荷蘭東部小鎮布魯門（Brummen）市政廳的增建案設計了新的木構架，在完成設計後，木料供應商打了一通電話說：建築師，我知道你不在乎這問題，你也不需要為此增加花費，但是你可以將木樑的大小增加三公分嗎？這樣子這些木樑在 20 年後會有更高的剩餘價值，我知道這些加長的木樑在 20 年後能有什麼用途。托馬斯回答他說：好，就照著你所說的去辦吧，因為現在增加的材料將能減少日後再利用的問題（More will then be less）。托馬斯強調說，這是建築設計師們應當思考的要素，我們應當思考所使用材料日後的剩餘價值。這棟綠色建築，也為托馬斯贏得荷蘭 2013 永續建築設計大獎。

結語：太空站的啟示

太空站是封閉系統，所擁有的資源是珍貴並且有限的。1968 年 12 月 24 號那天，美國太空人威廉‧安德斯（Willam Anders）從太空梭的窗口眺望地球，他拿出相機，拍下一張具有歷史意義的經典照片，從此人們發現，美麗的地球也是一個封閉系統，這張圖啟發了當代環境保護運動。

托馬斯說，他相信沒有人能預測未來將發生什麼狀況，人們所能做的只有把握當下所擁有的資源，在地球這個封閉系統內，沒有任何資源該被損耗甚至浪費。人類使用地球上的物質創造了第二個系統（The second nature），這個人造的系統必須符合原有自然系統的原則。我們不是地球的主人，只是東西的管家，我們需要為我們所「暫有」的東西負責。我們只是暫居地球的過客，我們需要認知唯有地球能夠讓生命延續，人類的永續發展在於這種認知。也許對於一些人而言，失去物品的擁有權等同於失去自身的認同感，托馬斯說，我們不該將自我的認同建立在我們擁有什麼樣的東西（what we have），而是建立在認知自己是怎麼樣的人（who we are）。

06
林宜萱

居家辦公兩相宜，水上建築百百種

「荷蘭水上建築」過去幾年在媒體的吹捧下，彷彿成為對應地球暖化、海平面上升的萬靈丹。一時之間人人趨之若鶩，無不想深入瞭解。

在切入建築形態討論前，首先得挑戰亞洲讀者既有「以土地為本」的價值觀。以下，讓我們跳脫既有思維，瞭解幾點荷蘭文化裡，有助於發展水上建築的背景脈絡。

我就在這裡出生長大啊！住水上很奇怪嗎？

這大概是古菲仕蘭人（Frisian）(註1) 心中的 OS。古羅馬時期大作家老普林尼（Plinius Secundus）是這樣形容他當時（西元一世紀）所見的景象：

無法分辨何處是水、何處是陸地，看來就像一片沼澤，有些房子在土丘上，但說是房子又好像比較像船。隨著海潮的時高時低，房子就這樣有時在岸上、有時沒有道路相連。

對他們來說，住在水邊並不是「選擇」，而是「自然而然」的結果，或者說他們就是一個習慣與水為鄰的民族。

土地就那麼少，看能不能住到水上去好了。

過去幾十年，對著居住日漸飽和（是說日漸飽和，但對於來自亞洲超高密度城市發展的我們來說，事實上還是離飽和遠的咧！）的國土，荷蘭政府一直帶頭向無邊無際的大海擴張[註2]。由政府帶動的開發規模果然不一樣，本篇後半段將介紹這類水上住宅的形態。

仁者樂山、智者樂水，我是智者我要住水邊。

比起上述兩個不得已的因素，居民的自主選擇權也是理由之一，他們被美麗的「水岸／上空間」吸引來定居。臺灣房地產廣告常說：「第一排無敵海景」，大概最能貼切解釋水岸空間特有的遼闊感，沒有貼近的鄰房、車輛的喧囂，只有一望無際的大海，是不是光想就覺得心情好了起來!?

你們這些被房子綁在地面上的蠢蛋，我才不要跟你們一樣，我是浪子，隨時都要去飄撇。

不受拘束的遊牧民族，不只在蒙古大草原上有，流浪大篷車也不是吉普賽人的專利，住在船上隨時可以遠走高飛，不是也滿方便的？

Chapter 3 環境永續篇

我也不是本來就住在水邊啊！但水一直淹過來我有什麼辦法！

在全球氣候變遷加劇的情況下，這種「後天水上住宅」在世界各地比比皆是。不過，淹水雖然是過往促進水上建築發展的重要因素，今天的荷蘭倒是比較少見。畢竟身為控制狂的荷蘭人，怎麼可能會讓水氾濫成災，並且長期影響影響居住環境！

五種荷蘭水上建築

荷蘭的水上建築大抵上可以不同的構造方式分成以下幾種：Terp、高腳屋、漂浮屋、兩棲住宅、船屋；這五類水上住宅各有各自不同的環境條件需求與特性。

Terp

Terp 一詞源自菲仕蘭語，翻成中文是「人造山丘上的住宅群」。根據考古資料顯示，目前已知最早的 Terp 始於西元前 500 年，最盛時期則在西元 1000 年左右。當時，菲仕蘭人為了與水爭地，以人工修築土墩，再將村落配置在土墩上。

雖說是村落，但要知道，當時人口社會規模與今日大不相同，四五戶人家就足以稱為「聚落」，若以今日規模而言，比較接近「小規模集體住宅」。現存最知名的遺址，是位於菲仕蘭的 Hegebeintum，有興趣的讀者不妨安排戶外踏青一探究竟。

高腳屋

在東南亞熱帶、亞熱帶地區,「高腳屋」是一種傳統住宅形式,或者學術一點,我們稱它「干欄式建築」。這種以高架結構系統,將居住空間與地面脫離的干欄式建築可不僅限於陸地,在泰國、新加坡等地區,高腳屋更是常見的水上住宅形態。

但今天要談的是以現代打樁技術,以直達堅硬地盤的鋼構樁腳支撐,創造出人工地盤,再於其上興建住宅的「摩登高腳屋」。

除了建築技術的進步,荷蘭高腳屋與亞洲干欄式建築的最大不同點是「規模」。亞洲傳統干欄式建築規模較小,多以一戶住宅為單位(想想以傳統木構建材是能支撐多少東西),但在當代荷蘭既然要與海爭地,只有爭「一戶住宅」實在不符合成本效益!

位於阿姆斯特丹西北岸的 Silodam。

以 MVRDV 操刀設計的 Silodam 為例，整體開發內容共包含 157 戶住宅、辦公室、工作空間、商店、其他公共空間，更貼切地說，簡直是個小型水上都市[註3]。

漂浮屋

　　「漂浮屋」顧名思義，是漂在水上的房子。也許聽來不可思議，但如果船可以漂在水上，為什麼房子不行[註4]？一長串的物理原理也許不是每個人都能理解，但就簡單記著：「漂浮屋」基本上是停靠在水岸邊的，沒有動力馬達的船，加上外型比較像「建築物」一些──希望這樣的解說沒有戳破你對「漂浮」的幻想。

　　臺灣國內媒體早有不少關於漂浮屋的報導，但建築類型大多侷限於單棟住宅，今天我們來看個不一樣的。「Werkhaven Waternet」英文直譯為 Working Harbor Water Network（中文就暫且翻成「碼頭工作站」吧！），是由荷蘭建築事務所 Attika Architekten 設計的三層樓水上辦公室。該建築於 2011 年完工，現坐落於阿姆斯特丹（Amsterdam）西北岸的碼頭（要強調一下是「現」坐落。漂浮屋與其他水上建築最大的差異，在於其具有移動的可能。相較於固著在地面或樁位的 Terp 與高腳屋，漂浮屋只要將「錨」收起，搭配船隻拖運，就可以到處去了）。

　　Werkenhaven Waternet 長寬，達到 27 公尺乘以 11.9 公尺。以體積來說，稍大於一般的獨棟漂浮住宅，但與大多數漂浮屋相同的是，整體構建均為事先在工廠中建造和組裝，完工後於測試池檢測其漂浮狀況。確認沒問題後，再由船隻拖送到「現場」。

　　值得一提的亮點是，Werkenhaven Waternet 的外牆完成面選用天

然蘆葦製的集成材^(註5)，蘆葦作為建材，不僅較其他材質輕盈，亦具有良好的隔絕功能，可有效減少熱能流失、避免室內暖氣外漏。基於以上種種因素，蘆葦被視為具有環境永續性的材料。然而，選擇蘆葦做外牆建材最重要的關鍵因素，是由於荷蘭建築法規對水上住宅使用的材料，規定相當嚴格。一般住宅經常使用油漆或其他塗料作為外牆局部或整體的完成面，但這些皆不適用於水上住宅，因為油漆（或其他外牆塗料）含有許多對環境有害的化學物質，容易隨著雨水滴落到水中，造成環境毒害並累積在生物鏈中。因此，荷蘭政府嚴格規定，水上住宅的建材不得含有此類可能造成水汙染的材料。

船屋

長話短說，船屋就是有「移動力」的漂浮屋，或者說是有居住空間的「船」。不少人混淆船屋與漂浮屋，事實上兩者最大的差別是，如果有了個萬一，船屋可以自己一溜煙地跑掉，漂浮屋雖然同樣漂在水面上，但還是得等 somebody 來接，透過外接的動力才能移動。

為什麼這個觀念很重要？因為荷蘭人在進行都市規劃的時候，可是會區分出各種不同水上住宅的適用區域，就像臺灣住宅區只能做住宅使用、商業區做商業使用的概念，荷蘭人則是劃分出「船屋區」、「漂浮住宅區」等等的不同區塊。

兩棲住宅

兩棲住宅（amphibious-house）是近年因應氣候變遷、環境災變頻傳下衍生的產物。一般情況下，此類建築坐落於陸地，但水患發生時則可隨著暴漲的洪水「漂起來」，避免水淹金山寺般的損失。

兩棲住宅在荷蘭並不多見，因為對洪水超敏感的荷蘭人，完全不可能放任洪水氾濫到足以將房子浮起來！另一方面，兩棲住宅的技術尚未完全成熟，世界各國仍在嘗試如何達到更高的穩定性。

各類水上住宅的條件限制

水上住宅雖然新奇有趣，但仍然有許多條件限制，並不是所有水域都適合水上住宅。就像陸地有不同地形，水文也有不同環境：大海、湖泊、河川、溪流、運河等等各種水域，也各有大不相同的環境條件。

首先，不論何種水上住宅，都只能承受一定幅度內的水位變化。因此，水位變化太大的環境，皆非合適的棲地。比如說：冬季乾旱、夏季暴雨的氣候環境，就不是好的坐落地區。其次，地形起伏大、水流湍急的地點就更不用提了！說到這，你大概也懂了：為什麼荷蘭的水上建築可以蓬勃發展——這全歸功於四季不分明的氣候，外加毫無起伏的地形。

除了優良的先天條件，荷蘭人對水利工程的超高技術，加上對「水」的控制狂心態，精準把關每個水域的水位高度，從北海堤防開始，一層層阻擋海浪潮汐的變化與襲擊，在後天條件上也大幅加分。

然而，技術上最困難的並不是「水」本身的問題，而是其他衍生的安全疑慮。前文提到建物材質的控管便是其中一項。另外，最困擾設計者的，其實是「消防安全」課題。由於今天不是要教大家水上住宅建築法規，就長話短說！「火燒赤壁連環船」的故事聽過吧？一棟棟聯結在一起的水上住宅，就像是曹營的連環船一樣，一旦著火易迅

速蔓延,且居民無法直接由地面逃生。因此,荷蘭政府對水上住宅的消防安全管控格外注意。

正經的說完了,如果你真心嚮往水上住宅生活,還有一點小事必須再斟酌一下。曾有居民向筆者表示,水上住宅最大的不便,是家裡的貓、狗都不能自己出去散步!他們家曾有隻貓,出門散步不小心就噗通掉進水裡掰掰了。

FOR － Floating Office Rotterdam:全球最大的漂浮辦公室 (註6)

在設計建築師團隊 Powerhouse Company 的官網上,FOR 的副標題被定為「A Vessel for Change」(直譯為一艘帶來改變的船),直白又一詞多義地表達出以永續創新為主軸的設計核心價值。此案被鹿特丹市政府視為啟動 Rijnhaven 港口再造計畫的重點啟動項目,希望以其作為觸媒,帶動萎靡多年的鹿特丹南端水岸開發,並藉由其在幾項永續指標:高耐候性、主動性節能、二氧化碳中和、適應極端氣候條件(抗水平面上升)的優異表現,成功說服極具代表性與指標意義的全球調適委員會(Global Center on Adaptation, GCA)(註7)以該址作為總部進駐。

作為無動力的水上漂浮建築,FOR 同前文提及之其他水上漂浮建物,可被分為水下的提供浮力的艙體與水上的供使用的建築主體。前者作為載體,近似於地上建物的筏式基礎地基,後者受限於整體浮力平衡條件,較地上建物更為講求量體的平衡與水平性。

水上建築的另一特色，是「可移動的」建造過程。本案考量各階段環境條件因素，整體流程共分為三個階段，於不同地點逐一完成。打造 15 座 6 公尺寬的預鑄混凝土中空艙體，是整體建築工程的第一步。在各單體完成後，由拖船經狹窄的運河，將 15 座艙體分別運至較遼闊的開闊碼頭，逐一串聯為一體後，成為未來辦公室建築的「底座」。隨後，再次由拖船牽引，穿過鹿特丹地標伊拉斯謨橋（Erasmusbrug），停泊於最終地點 Rijnhaven 後，在此完成其餘建築主體的安裝與施工。

除了各項優秀的能源指標，本案另一特色是其木結構的構造形式。考量未來拆卸與重組的可能性，高度的模具化與卡榫接頭的細節打磨，是設計過程的一大挑戰，同時也展現了團隊對關乎環境的循環經濟模式的重大企圖心。

屏除永續建築及能源指標等技術教條，在人與環境的親密感上，本案也做出恰當回應。除木構造形成的自然溫潤辦公環境，兩處戶外平臺配置於建築的短邊，提供臨水而坐的休憩空間，盡覽港口獨有的大型水岸空間，並徹底利用浮於水上的優勢條件，於長邊以棧板圍塑出半露天泳池，閒暇辦公之餘，盡享戲水的樂趣，滿足荷蘭人的親水天性。

本案的獨特性在於，其由上而下的政策決策過程、商務、營運招商計畫與開發及都市願景的整合，乃至建築、構造設計與施工過程皆展現過人的專業性，各方面表現均十分優異且完整。若說「永續」是本案的初始命題，最終整體團隊回應的是在各專業上對美學、科技、人文、經濟各領域高度成熟能力的展現。

註1　古菲仕蘭人（Frisian）是一批在西元 7～10 世紀居住於現今德國、荷蘭至比利時一帶的日耳曼民族人種。傳說中擅長與海相處，並利用航運之便成為暢行無阻的商人。

註2　關於過去三四百年來，荷蘭人怎麼樣消滅沼澤地，建立可居住的土地，請參閱筆者的〈是誰？讓荷蘭這麼低〉一文：https://www.oranjeexpress.com/2014/02/18/是誰～讓低地國這麼低/。

註3　想一睹風采的建築專業讀者可參考 Silodam 網站（https://www.silodam.org/contact），內有詳細導覽團報名資料，或者根據 MVRDV 的說法「租艘船從水面上看，更是欣賞 Silodam 的最佳角度」。

註4　船隻設計原理：物體在水中受的浮力，等於它排開的水的重力。因此，輪船吃水線以下部分所排開水的重力，「其大小等於船所受的浮力」足以與船自身的重力平衡，所以船能漂浮在水面上。

註5　集成材是指將原本零散的木料經由重新加壓製成的板材，雖非原始木材樣貌，但仍屬於天然材料，被大量運用在建築及家具用品中。

註6　自接獲荷事生非編輯團隊將既有網站文章集文成冊的邀請後，反覆重讀了筆者 2015 年寫的舊文，卻越讀越心慌。這一部來自於遺忘產生的陌生感，另一部分則擔心隨著時間過去，部分資訊已不再新鮮。

原想重編舊文，卻發現由於時空背景不同，不論是社會環境或筆者個人，對同一議題的觀察側重角度均已大不相同。當年撰文時，筆者身分為初畢業於三角洲與城市發展研究的碩士，文章著重於介紹荷蘭特殊地理條件的特殊環境居住觀與技術；如今作為於荷蘭從業十年的建築師，筆者更想介紹給臺灣讀者的，是荷蘭人在面對險峻的環境議題時，政策決策者、資方與建築師等各相關利益關係人，攜手從各專業角度努力，以回應挑戰的荷蘭式企圖心。

在這樣的心情下，筆者最終決定以保持原文並加著續文的方式，介紹目前全球最大的水上漂浮辦公室——於 2021 年完工的 FOR- Floating Office Rotterdam，作為十年後對水上住宅（建築）的跟進與補充。

至於筆者 2015 年的文章，可見：荷蘭水上住宅百百種 (上)：https://www.oranjeexpress.com/2015/03/18/ 荷蘭水上住宅百百種上 /；荷蘭水上住宅百百種 (下)：https://www.oranjeexpress.com/2015/03/22/ 荷蘭水上住宅百百種下 /。

註7　全球調適委員會（GCA）為一致力於加速對應氣候變遷調適行動的國際組織。該組織投入於公、私部門間的合作，工作內容包含政策研究、擬定、宣傳與倡議，透過與全球各地合作夥伴間的知識合作，確保人類與地球的永續共榮。

07
賴慧玲

減碳減碳，荷蘭也煩惱淨零

　　荷蘭，一個以圩田上古老風車讓人留下印象的國家，於 2017 至 2018 年間悄悄掀起一場氣候與能源的革命。

　　當臺灣社會因深澳燃煤電廠（後宣布停建）質疑政府的能源轉型決心時，荷蘭正積極擘畫以再生能源取代煤電的能源轉型路徑。

　　在再生能源表現上，荷蘭過去只能算歐盟各國的後段班：根據歐盟 2004 至 2016 年再生能源占總能耗比例的數據，2016 年荷蘭以 5％ 左右排名倒數第二，僅小勝盧森堡；2015 年還因減碳不力，在氣候官司中吞下敗訴，成為一時熱聞[註1]。

　　如今，這些差強人意的印象開始翻轉。自 2017 年 10 月新聯合政府上臺後，加快轉型腳步。2018 年 3 月，荷蘭經濟與氣候政策部依循聯合內閣《執政議定書》（Coalition Agreement）[註2]的政策方向，先

向國會提出「2030年離岸風電路徑規劃」，力拚2030年前離岸風機裝置容量從1GW擴增到11.5GW；5月中又提出「禁用燃煤發電法草案」，規定所有燃煤電廠須在2030年前退場。更讓人出乎意料的是，身為天然氣生產大國的荷蘭，還要逐漸擺脫對天然氣的依賴！

那麼，荷蘭為何選擇押寶再生能源；而非自產豐富的天然氣？核能又在當中扮演什麼角色？本文從這兩個提問出發，採訪荷蘭官方、國會議員、能源專家與環境團體的看法，探索荷蘭在氣候變遷挑戰下的抉擇與取捨。

脫煤，最便宜有效的減碳路徑

轉型並非一蹴可幾。攤開荷蘭的能源供給數據，2016年仍有高達92%來自化石燃料。想達到2030年減碳達49%的目標（以1990年為基準），淘汰煤炭無疑是燃眉之急。2017年COP23波昂氣候會議，荷蘭即響應由英國與加拿大發起的「脫煤者聯盟」（The Powering Past Coal Alliance），決心可見一斑。

脫煤路途上，荷蘭也曾搖擺不定。2015年，荷蘭一口氣關閉5座舊燃煤電廠，但同一時間，也有3座新燃煤電廠陸續啟用。2018年荷蘭境內仍有5座燃煤電廠，裝置容量合計4.5GW，2016年依舊貢獻全國逾1/3發電量。

但要求脫煤的聲音未因此消退。2016年9月，當時的經濟與氣候政策部部長曾為3座新燃煤電廠辯護，稱它們是「全歐洲最潔淨的燃煤電廠」，瘋了才想關閉。豈料，不久國會就以5票之差通過2030年

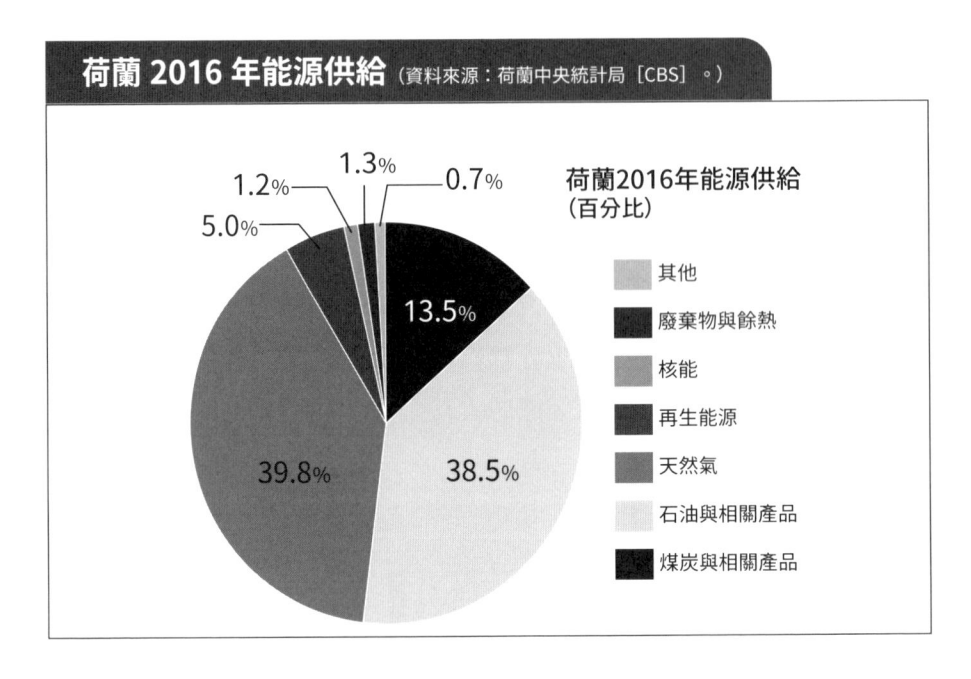

荷蘭 2016 年能源供給 (資料來源：荷蘭中央統計局 [CBS]。)

荷蘭2016年能源供給（百分比）

- 13.5% 煤炭與相關產品
- 38.5% 石油與相關產品
- 39.8% 天然氣
- 5.0% 再生能源
- 1.2% 核能
- 1.3% 廢棄物與餘熱
- 0.7% 其他

前減碳 55% 的提案。該投票結果雖無法律約束力，仍是有力的政治宣言：所有燃煤電廠都必須在 2030 年前退場。當時一位國會議員便向英國《衛報》表示，即使必須關閉新完工的燃煤電廠，這仍是達成《巴黎協定》目標最具成本效益的方式[註3]。

「這 3 座新燃煤電廠是前政府做出的荒謬決策。」綠色左派（GL）國會議員范德里（Tom van der Lee）解釋，荷蘭是歐洲率先分離發電與電網系統、並將電業市場自由化的國家，過往由中央、區域或市政府經營的能源事業，紛紛出售發電部門，爾後被瑞典 Vattenfall、德國 RWE 等企業收購，這些跨國能源企業決定在荷蘭蓋新的燃煤電廠，政府不願、也無法拒絕。

新政府上臺後，一改前朝對燃煤電廠的態度。依據 2018 年 5 月提出的「禁用燃煤發電法草案」，2 座舊燃煤電廠須於 2024 年前退場；3

座淨發電效率高於 44% 的新燃煤電廠，也得在 2030 年 1 月 1 日前關閉。不僅如此，2018 年 10 月荷蘭政府與環保組織 Urgenda 的氣候官司，遭海牙上訴法庭判決敗訴，政府須遵守在 2020 年前減碳 25% 的承諾，意味舊燃煤電廠可能要提前關廠。

廢煤的最大阻力，來自新的燃煤電廠。雖然政府提供補償機制，且離關廠期限有 12 年寬限期，仍然引起能源公司不滿。Uniper（前身為德國 E.ON）即表示將向政府要求更多補助，RWE 也批評這項政策不明智[註4]，不排除走法律途徑求償。儘管如此，3 座新燃煤電廠都開始進行以生質燃料或其他燃料取代煤炭的轉型計畫[註5]，這項禁令也為其他國家的燃煤投資和延役決策帶來警訊。

位在鹿特丹附近 Maasvlakte 工業區的新燃煤電廠，由德國 E.ON（現為 Uniper）所有，配有碳捕捉設備，於 2016 年取得營運執照。

圖片來源 賴慧玲

決定了！用離岸風電決勝負

除淘汰燃煤，荷蘭也大幅增加以風能和太陽能為主的再生能源。

同時，彈性化（flexibility）在電力系統將扮演關鍵角色，意味需求端管理、儲能、與鄰國互連及電網管理等能力，都須跟著升級。

以發電量來細看，2014年起風能明顯上升，太陽能也快速增加。荷蘭中央統計局資料顯示，2017年風能即較前年上揚16%，太陽能更暴增34.6%。回顧過去十年成果，再生能源發電量已成長超過一倍、來到170億度規模。風能以獨占六成居冠、生質能（約三成）居次、太陽能（13%）位居第三。

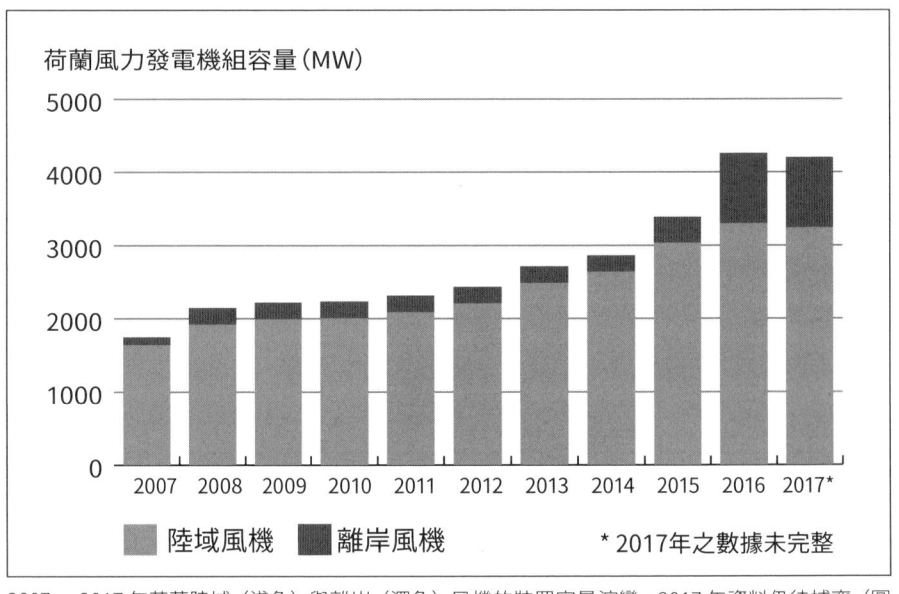

2007～2017年荷蘭陸域（淺色）與離岸（深色）風機的裝置容量演變，2017年資料仍待補齊（圖片來源：賴慧玲修改自荷蘭中央統計局：https://www.cbs.nl/en-gb/news/2018/09/more-wind-and-solar-electricity）。

以台夫特理工大學（TU Delft）能源系統分析教授布洛克（Kornelis Blok）分析，相對於其他歐洲國家，荷蘭地小人稠，推廣陸域風機常遭居民抗爭，發展限制較高。因此，技術日漸成熟、且成本快速下降的「離岸風機」，就成了荷蘭能源轉型最合乎邏輯的選擇。

2013年出爐的「能源協議」，便規劃要在2023年前讓離岸風機裝置容量達到4.5GW，隨後由經濟與氣候政策部在2015年端出《離岸風力法》，由政府進行環評、公告可開發場址，同時提供地質、風況、海況等基礎資訊，供業者進行先期研究。2018年3月，經濟與氣候政策部向國會二院提出「2030年離岸風電路徑規劃」，宣示於2023～2030年間，另外新增7GW裝置容量。

　　上述計畫被當時業界公認為歐洲最具野心的風力發電計畫之一[註6]：預計2023年前離岸風機裝置容量以每年700MW的速度成長，2024～2030年增幅更會達到每年1GW。假使計畫成功，2030年荷蘭離岸風電裝置容量將衝上11.5GW（臺灣目標為2025年達5.5GW），不僅可以

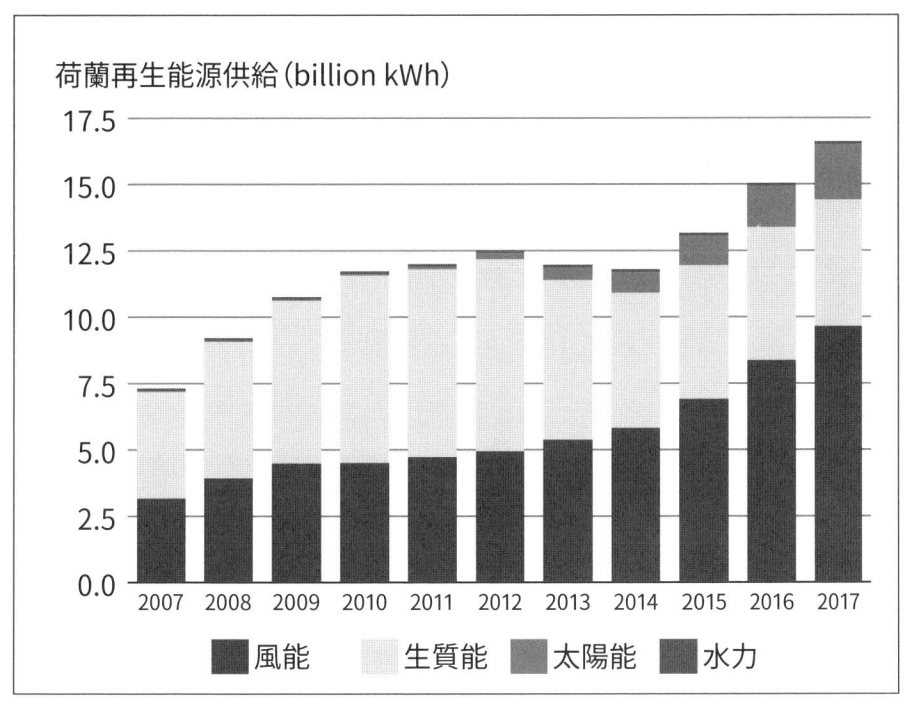

荷蘭2007-2017年再生能源發電量（圖片來源：賴慧玲修改自荷蘭中央統計局：https://www.cbs.nl/en-gb/news/2018/09/more-wind-and-solar-electricity）。

補上燃煤退場的缺口（4.5GW），還可滿足全國四成電力需求。昔日的「風車王國」，可望再度乘風（機）而上！

至 2018 年撰文此刻為止，荷蘭政府已完成約 2.2G 離岸風電招標。隨著經濟規模提升，補助負擔也可順勢下降。2018 年 3 月，荷蘭便出現第一宗「零補貼」離岸風場標案（740MW），並於 10 月再針對另外兩個風場（合計 700MW）提出零補貼招標案[註7]。

分手吧！和天然氣斷、捨、離

與獲得政府支持、前景風光的再生能源相比，2018 年仍位居荷蘭最大能源寶座的天然氣，顯得有些落寞。

由於北部葛羅寧根天然氣田開採導致地震引發民怨，2014 年起，荷蘭的天然氣開採量逐年下降，進出口狀況也在 2017 年出現「黃金交叉」，讓荷蘭從天然氣生產大國；搖身一變成為天然氣進口國。不僅如此，新政府《執政議定書》進一步提出，要在 2021 年減少 30 億立方公尺的天然氣需求量與 15 億立方公尺開採量。天然氣的昔日榮景，看來已經回不去了。

「每個國家都有自己的轉型路徑。如果一個國家大量依賴煤電，天然氣可能是個不錯的『過度選項』，因為排碳比煤電少很多。幾十年來，荷蘭已部分從煤炭轉型為天然氣。荷蘭南部曾有煤礦場，後來天然氣被發現，帶來大量財富，於是我們開始依賴天然氣。」經濟與氣候政策部的氣候特使包克柏姆（Marcel Beukeboom）話鋒一轉：「但是，若要遵守《巴黎協定》在 2050 年達到碳中和的目標，勢必要讓天然氣退

荷蘭氣候特使包克柏姆。

場，而這無法一蹴可幾。」

包克柏姆解釋，不管是發展再生能源，還是讓天然氣逐步退場，許多投資都需要數十年的時間才能回本。今日的決策，將影響接下來數十年的能源面貌。「因此，政府決定大量投資風力、太陽能和其他能源，一部分是長期投資考量。這不表示我們明天就不會再用天然氣，它還是過渡期的電力來源之一。」

許多國家（包括臺灣）都想用天然氣作為能源轉型期的過度選項，使得天然氣價格水漲船高，但荷蘭政府並不打算回心轉意、重新大賣天然氣。包克柏姆表示，原因之一，風能是利潤很高的市場，值得政

府大量投資,其二,政府減少對天然氣的投資,也是回應企業界對政府「決心和可靠度」的期待,長期且可預測的政策方向,對企業界進行投資選擇至關重要。最後,身為歐盟的一員,荷蘭也得考慮歐洲地區電力市場的「公平競爭」(a level playing field),持續與鄰國諮詢整體的減排效果和氣候目標。

即便政府釋出明確的政策訊號,荷蘭的能源轉型之路仍有不少挑戰。包括:原物料與電力價格的不確定性、如何減緩再生能源的環境衝擊、如何化解外界(從居民、漁業到航運業)的衝突與質疑、必須克服併網技術和成本挑戰,還要和其他國家(如臺灣)潛力強、利潤高的風場標案競爭等。

儘管如此,代表官方參加氣候談判的包克柏姆強調,上述挑戰絕非荷蘭躊躇不前的理由,「我們不能只是等待其他國家採取行動。如果大家要朝同樣的目標前進,卻只是互相等待,那麼什麼事都不會發生!」

正視敏感話題:核能行不行?

荷蘭的核能發展鮮少人知:論推動核能,其占比遠不如核電大戶法國;論反核態勢,也不如全面廢核的德國。在荷蘭的能源結構中,核能僅占發電量約3%,不到風能半數(就2000至2015年荷蘭發電結構變化可知,核能僅有0.5GW左右的裝置容量,在所有發電裝置中墊底)。在政府的能源轉型宏圖中,核能雖存而不廢,但也未獲重視。

不過,隨著2018年10月IPCC《全球升溫1.5℃特別報告》出爐(註

8），擁核人士藉著對抗氣候變遷之名捲土重來。11月初，知名脫口秀節目和自由民主人民黨（VVD）政治人物提出擁核言論，激起媒體熱議，讓沉寂許久的核能再度成為焦點。只是，這一波議論，能替核能爭取到更多發展空間嗎？

荷包最大，別跟錢過不去

回答這個問題前，不妨先思考另一個提問：「為什麼荷蘭政府沒有廢核，但核能也不見起色呢？」

「我們並沒有排除使用核能，經濟與氣候政策部部長表示，如果有任何能源企業想要蓋核能電廠，而且可以拿出好的商業計畫，我們會審視這個計畫，看要不要核准。」氣候特使包克柏姆表達荷蘭的官方立場。

布洛克教授解釋，荷蘭政府雖無核電補貼機制，但早已規劃了三個核電廠場址，在制度和技術上要新蓋核電廠是可能的。「如果有任何能源公司明天想去蓋核電廠，請自便、別客氣。」但為什麼這樣的事沒有發生呢？他直言：「很簡單，因為太昂貴了。」

包克柏姆證實：「過去45年來，沒有人拿得出這樣的計畫（興建核電廠），一方面因為價格太高，一方面政府要求他們拿出長期核廢料處置計畫，這牽涉到很高的安全標準。各種面向權衡考量後，核電廠就不是一個經濟上可行的選項（just not an economically viable option）。」

舊核電廠自身難保

這解釋了為什麼自 1997 年另一座核電廠關閉以來，荷蘭境內始終只有一座 1969 年興建、從 1973 年營運至今的舊核電廠，坐落於西南角澤蘭省的小鎮博爾瑟勒（Borssele）。

福島核災隔年，掌握博爾瑟勒核電七成股權、由澤蘭省與當地政府經營的 Delta 能源公司，與擁有三成股權的德國能源集團 RWE，一度與法國電力集團 EDF 合作，申請在舊電廠旁興建第二座核電廠的許可[註8]，獲得當時的經濟與氣候政策部部長支持。未料一年內，此案就因財務危機、成本太高，且電力市場供給過剩等原因，胎死腹中。當時 RWE 執行長向媒體表示，若無政治和經濟的雙重保證，RWE 不會再推動博爾瑟勒第二核電廠計畫。

事實上，舊的博爾瑟勒核電廠也是虧損連連。2016 年讓 RWE 慘賠 5,800 萬歐元，Delta 公司更瀕臨破產，不得不向中央政府求援，但遭到拒絕[註9]。即便 2017 年重組，新公司該年度仍損失 2 億歐元，還得承擔 6 億歐元的除役基金。不僅如此，作為 2006 年延役條件之一的綠能投資（一億歐元），也在 2018 年跳票。

換言之，如果沒有政府補貼，核電廠要在荷蘭電力市場盈利並不容易。2016 年金融管理顧問公司 Spring Associates 受環保團體委任執行的評估報告指出[註10]，電價必須加倍，博爾瑟勒核電廠才能轉虧為盈，並建議立即關閉核電廠，等幾年後再除役，是最經濟與道德的選擇。

高昂的成本，也是荷蘭沒有積極考慮核能作為能源轉型主力的原

因之一。「在我們現有的各種能源選項中，核能是最貴的選項之一。我們不想增加民眾的帳單，就不該選擇最昂貴的。」包克柏姆坦承。

布洛克教授強調：「目前能源分析已普遍達成共識，至少在 OECD 國家，每度核電的發電成本比太陽能和風能要高。」即使以風能和太陽能為發電主力，核能也不是最划算的備援電力。因為邊際成本為零的風電和太陽能會被優先使用，剩下才由核能補上，代表核電廠每年運轉時間會大幅下降，每度發電成本就會增加。

台夫特理工大學能源系統分析教授布洛克。

圖片來源 賴慧玲

雖然業主仍未放棄，拆售了旗下其他部門來補貼虧損，但博爾瑟勒核電廠是否能如願運轉至除役之日，還存有變數。一開始，博爾瑟勒核電廠預計 2003 年底除役，後延至 2013 年。2006 年為避免高昂的違約金，再獲政府許可延役至 2033 年。但 2013 年政府做的延役許可決策缺乏公民參與，遭荷蘭綠色和平向聯合國歐洲經濟委員會（UNECE）申訴違反「奧爾胡斯公約」（Aarhus Convention），2014 年 10 月 4 日委員會正式做出違反公約的裁定[註11]。

推動這項申訴的綠色和平核能與能源政策專家哈佛坎普（Jan Haverkamp）認為，奧爾胡斯公約裁定最大的意義，是確認核電廠延役

須重新評估，因當初興建核電廠的環境條件（如人口密度）和風險早已改變。隨著早期大量興建的核電廠都將到達運轉年限，是時候尋找替代能源選項，取代這些以今日標準來看可能不得興建的舊核電廠了。

2018 年本文撰寫時，荷蘭的核能管制機構正在對博爾瑟勒核電廠進行一項執照更新，哈佛坎普要求將公民參與及提供所有環境相關資料納入審核條件，若管制單位忽視這些訴求，下一步便是走法律途徑，他將要求在落實奧爾胡斯公約規定前，必須暫停核電廠營運。哈佛坎普分析，政府已在博爾瑟勒外海規劃三座離岸風場、並完成招標，總裝置容量（1.5GW）幾乎是博爾瑟勒核電廠的三倍，「荷蘭並不需要這座核電廠！」

綠色和平核能與能源政策專家哈佛坎普。
圖片來源 賴慧玲

擁核聲浪再起，經濟挑戰依舊

在奧爾胡斯公約裁定公告後五天，另一個環保團體 Urgenda 再度贏得與荷蘭政府的氣候官司：海牙上訴法庭要求政府須依照承諾，在 2020 年前達成減碳 25% 以上（相較 1990 年）的目標。隔天，IPCC 發表《全球升溫 1.5℃特別報告》，氣候變遷再度成為熱門話題。

哈佛坎普記得，之前幾週，輿論界都在討論如何盡快淘汰兩座舊的燃煤電廠。想不到 11 月初，知名脫口秀《Zondag met Lubach》突然引述 IPCC 特別報告來鼓吹核能，隔天，自由民主人民黨（VVD）國會議員戴克霍夫（Klaas Dijkhoff）又公開宣稱[註12]，核能是對抗氣候變遷的必要選擇，緊接著又有媒體端出民調，宣稱超過半數民眾支持核電[註13]。霎時間，輿論焦點從「減煤」，轉向是否支持「核能」。

「這是焦點轉移。」哈佛坎普遺憾地說。讓他不平的還有同事受訪片段竟被脫口秀惡意剪接成「綠色和平不反核」的扭曲詮釋，以及 IPCC 報告被錯誤解讀為支持「非核不可」，媒體民調題目使用「興建第二座核能電廠是荷蘭對抗氣候變遷的唯一方式」等誘導性描述，就是一個例子。

布洛克教授指出，IPCC 特別報告並未替核能背書，「這份報告展示了多種情境[註14]，有些情境有核能，有些則否。換言之，IPCC 顯示了有多種不同方式對抗氣候變遷。」每種科技都有各自的問題，核能也是。核能遭遇的社會抗爭，絕不比風機小。

氣候特使包克柏姆也認同，IPCC 對核能的描述非常謹慎，「IPCC 說不能排除任何選項，因為我們需要各種清潔能源來進行能源轉型。但是蓋一座核電廠，全球平均要 10～20 年。如果想在 2030 年前達到某些氣候目標，核能不是很好的選項。此外，IPCC 報告作者群並沒有把核能的優缺點加以權衡定論，基本上只說，取決於不同國家的政治和社會辯論。」

那麼這波突如其來的擁核聲浪，是否改變了荷蘭的政治和社會風向？國會議員范德里認為，擁核聲音一直存在，大約每五年會循環一

次,毋須大驚小怪。「也許街上有人認為,短期內核能是個選項,但政治上不是。」他表示經濟與氣候政策部部長也持同樣看法,認為興建新核電廠在 2030 年前只是一種爭論,而不是真的選項。

「你可以看到媒體有一點騷動,它們喜歡論戰,但要說社會氛圍真的改變了,還需要觀察。」包克柏姆也抱持類似看法。雖有部分政黨提案,要在國會二院討論擴增核能的可行性。不過,國會 13 個政黨對核電的立場都不一樣。他認為不管討論結果如何,可能都只是種理論之爭,不致影響以再生能源為主力的能源轉型規劃。

「目前荷蘭的能源組合裡,核能只占了很小一塊,這在 2030 年前不會改變,原因很簡單,因為我們無法在那之前蓋新的核電廠。」包克柏姆強調:「荷蘭政府對所有科技持開放態度,但我們必須看顧民眾的電費帳單,也必須考慮長期投資,而核能是種影響非常長期的決定。」經濟不可行性正是核能的致命傷。與 VVD 同樣隸屬執政聯盟的民主 66 黨國會二院黨團主席耶騰(Rob Jetten)被媒體詢問對擁核論的看法時表示,他相信有比核能更聰明的選擇:「英國現在(為了核電)砸了 200 億歐元,於此同時離岸風機已可以做到零補貼。」

根據荷蘭環境評估署(PBL)2018 年 3 月發表的《2030 年氣候與能源轉型國家成本》報告[註15],雖然核能在技術上可行,但經濟上不具誘因。一方面小型核能電廠無法在 2030 年前發展到位,大型電廠的興建時間和成本又常超乎預期,加上難以估算的除役與核廢料處置成本,讓核能成為成本會隨時間增加的一種能源科技。

即便核能無法在短期內捲土重來,那麼 2030 年之後呢?「我們永遠無法說 never。」范德里不置可否,但他不抱太大希望:「有些人對

釷燃料發電廠的可行性深具信心，但我不確定，我們在 1960 年代也相信過核融合電廠，所以……」

范德里回想，當時荷蘭也相信 20 年後核能會稱霸世界電力市場，於是急著盡量開採和販售天然氣，一躍成為天然氣大國。滄海桑田，如今，天然氣將逐步淡出荷蘭的能源結構，而核能支持者企盼的烏托邦，還在看不見的彼方。

參考資料

林綉娟，2018，〈荷蘭氣候與能源政策動向──朝 2030 年廢煤、減碳 49%與大幅增加離岸風電發展〉，能源知識庫。

Government of the Netherlands. 2017. Coalition Agreement 'Confidence in the Future'. https://www.government.nl/documents/publications/2017/10/10/coalition-agreement-confidence-in-the-future

Government of the Netherlands. Offshore Wind Energy. https://www.government.nl/topics/renewable-energy/offshore-wind-energy

註1	第一次打氣候官司就上手：專訪扳倒荷蘭政府的環境組織 Urgenda(上) https://www.oranjeexpress.com/2015/09/14/ 氣候官司專訪扳倒荷蘭政府的環境組織/。
	第一次打氣候官司就上手：專訪扳倒荷蘭政府的環境組織 Urgenda(下) https://www.oranjeexpress.com/2015/09/14/ 氣候官司專訪扳倒荷蘭政府的環境組織下/。
註2	https://www.government.nl/documents/publications/2017/10/10/coalition-agreement-confidence-in-the-future。
註3	https://www.theguardian.com/environment/2016/sep/23/dutch-parliament-votes-to-close-down-countrys-coal-industry。
註4	https://cleantechnica.com/2018/05/22/the-netherlands-announces-ban-on-coal-plans-close-of-2-power-plants-by-2024/。
註5	https://bioenergyinternational.com/eu-research-project-to-convert-a-coal-fired-plant-to-advanced-biomass-launched/。
註6	https://www.linkedin.com/pulse/energy-roadmap-2030-big-plan-develop-dutch-wind-sector-liam-hill/。
註7	https://renewablesnow.com/news/netherlands-to-initiate-2nd-zero-subsidy-offshore-wind-tender-this-year-628873/。
註8	王振益，2018，〈系統轉型守住 1.5°C 防線 ——核電與 IPCC《全球升溫 1.5°C 特別報告》〉，低碳生活部落格，https://lowestc.blogspot.com/2018/11/2018ipcc15c.html。
註9	https://www.dutchnews.nl/2016/10/96743-2/。
註10	https://www.dutchnews.nl/2016/10/government-investment-in-nuclear-power-plant-financially-risky-report/。
註11	https://unece.org/env/pp/cc/accc.c.2014.104_netherlands。
註12	https://nos.nl/artikel/2258154-nieuwe-kerncentrale-niet-mogelijk-zonder-staatssteun。
註13	https://eenvandaag.avrotros.nl/panels/opiniepanel/alle-uitslagen/item/meer-voor-dan-tegenstanders-van-kernenergie-in-nederland/。
註14	趙家緯，2018，〈系統轉型守住1.5°C防線 —— 核電與IPCC《全球升溫1.5°C特別報告》〉，低碳生活部落格，https://lowestc.blogspot.com/2018/11/15c-ipcc15c.html。
註15	https://www.pbl.nl/uploads/default/downloads/pbl-2018-kosten-energie-en-klimaattransitie-in-2030-update-2018_3241.pdf。

結語・歡迎與我們一起「荷事生非」

謝謝翻開這本書，期待我們精選的文章，能勾起你對於荷蘭的一絲好奇、一點想念或是一心嚮往。

如果你還未在網路上拜訪過荷事生非，歡迎到「Oranje Express 荷事生非」的臉書粉絲專頁按讚追蹤，或瀏覽「荷事生非 Oranje Express」網站看更多免費、有趣、深度的文章，一起認識這個「和臺灣差不多大」、「國小志氣高」、「資源少少錢多多」的歐洲小國。

作為以非營利為目的之社會團體，我們並未有充足財源，而是仰賴會員支持和捐款。如果你願意支持我們，歡迎加入我們在臺灣內政部登記成立的「荷事生非荷蘭研究發展協會」或自由小額捐款，幫助我們維護網站營運，並持續以非官方形式，促進臺荷間的互動交流。

在臺灣端，我們不定期舉辦各種活動，包含針對到荷蘭留學的講

座、對荷蘭產業發展與現況探討的專題講座、不限主題的荷蘭讀書會，當然也有供荷蘭返臺校友串起網絡的社交活動。歡迎舊雨新知在忙碌生活中，抽空來一同交流。

　　如果你正準備出發荷蘭，也歡迎加入我們在荷蘭登記設立的「荷事生非荷蘭協會」（Vereniging Oranje Express）。我們不定期在荷蘭各城市舉辦不同類型的活動，讓你不用會講荷蘭文，也能實地探索更有趣的荷蘭（還能跟和更多的臺灣鄉親一起取暖）。更重要的是，歡迎你打開電腦或平板，寫一篇你看到的有趣荷蘭。透過更多的文章分享，荷事生非才能繼續帶更多人認識荷蘭。

Oranje Express
荷事生非臉書粉專

荷事生非
Oranje Express 網站

與荷事生非網站、臉書粉專和臺荷端的相關事宜，請聯絡：
oranje.express@gmail.com
若與臺灣端的「荷事生非荷蘭研究發展協會」入會、贊助或合作，請聯絡：
oetaiwan@gmail.com
若願意捐款支持我們，請在匯款後聯絡臺灣協會：
帳戶姓名：荷事生非荷蘭研究發展協會
銀行代碼：822
分行名稱：中國信託銀行（信義分行）
帳號：2525-4013-4080

原文資訊

〈信任・戒癮之家陪伴成癮者的最後一哩路〉
本文為 Oranje Express 荷事生非與《報導者》（The Reporter）合作「荷蘭司法處遇機構啟示錄」系列三篇文章之一，原文篇名為：戒癮與少年機構「公私協力」，荷蘭以信任與自由讓觸法者復歸社會，https://www.twreporter.org/a/netherlands-prison-system-drug-and-juvenile。

〈南狂歡・北牧原，荷蘭也會戰南北〉
本文最初於 2018 年 10 月 31 日刊載於《自由時報：自由評論網》，原文標題為：歐洲之心》南狂歡、北牧原：淺談荷蘭的南北差異與地域主義，網址：https://talk.ltn.com.tw/article/breakingnews/2597545。經作者與自由時報同意，荷事生非網站於 2018 年 11 月 16 日全文刊登本文，並將其收錄於本書。

〈不好說，荷蘭同志運動人士的真心話〉
本文寫於 2014 年 3 月，部分修改於 2024 年 6 月。

〈運動即日常——植入 DNA 的運動文化〉
本文感謝 Dave Chiu 資料與經驗提供。

〈風車，與風對話的建築〉
本文由作者於 Facebook 粉絲專頁與 Instagram 發布的圖文修改而成。有興趣者可分別在 FB：「Milandia 瀾瀾之域」與 IG：「hollandmilandia」找到作者的頁面。

〈減碳減碳，荷蘭也煩惱淨零〉
本文來自作者於 2018 年 11 月 21 日，在「低碳生活部落格」刊登之「〈【進擊的荷蘭二】荷蘭的能源轉型抉擇：以風廢煤、脫離天然氣〉（https://lowestc.blogspot.com/2018/11/blog-post_21.html），以及於 2018 年 11 月 22 日刊登之「〈【進擊的荷蘭三】正視敏感話題：核能行不行？〉（https://lowestc.blogspot.com/2018/11/blog-post_22.html），經作者與台達電子文教基金會／低碳生活部落格同意後收錄於本書。

作者・編輯群簡介

Nakao Eki Pacidal｜太巴塱部落阿美族人。2009 年至荷蘭萊頓大學從事歷史學博士研究，之後定居荷蘭。現從事文字創作、翻譯、原住民運動。已出版小說《絕島之咒》、《韋瓦第密信》等，翻譯書籍《故道》、《野性之境》等。

台客 J｜一個在荷蘭這個低地國生活的台客，目前在荷蘭從事金融相關工作。

朱庭葦｜來自美食之都臺南，受荷蘭完善的都市規劃與創新理念深深吸引，到荷蘭求學工作。擅長永續生態的都市轉型規劃，後來延續荷蘭 why not 的精神，在臺灣跨領域到科技新創闖蕩。懷念在荷蘭的精彩回憶，更懷念荷蘭薯條。

余柔璇（Oceane）｜生於臺南、長於臺北，旅居美國、法國、泰國，落腳於荷蘭。畢業於國立政治大學商學院、荷蘭鹿特丹伊拉斯姆斯管理學院。任職企業幕僚、顧問，現為商業與數據分析師。擅長解析流程但熱愛獨自旅行的隨興，以理性為生卻沉迷文字中的感性。

吳婧儀｜臺北人，荷蘭阿姆斯特丹應用科技大學時尚企業創建碩士。碩士論文聚焦於推動時尚紡織業的永續和循環經濟發展。現職為臺灣經濟研究院助理研究員，致力於國內淨零和循環經濟的相關議題研究與發展工作的推動。

宋致誠｜現正在一個跨國的人權組織中努力為臺灣爭取影響力。曾混跡於社福、政策圈，希望盡自己一點力讓這個社會進步一點點就好。為逃避工作而到海牙海灘邊念一年書。深深著迷於多元、開放又包容的荷蘭政治精神。

李沛恩｜住在平鎮的中壢人。爸媽以為我在荷蘭研究住宅政策和城市規劃，但其實天天忙著採購打折食材，探討如何煮出熟悉的臺灣味。有成功用荷蘭超市的披薩麵團做出水煎包。

林千毓｜來自嘉義沿海小鎮，本業是空間規劃設計領域，曾就讀荷蘭台夫特理工大學 Urbanism track。閒來無事就四處遊逛街巷、展覽和聽講座，樂於從生活觀察體驗中發現靈光。期待透過自身小小的力量，影響臺灣的實質環境、社會文化變得更多元包容。喜歡吃薯條、養觀葉和香草植物，在荷蘭學會如何生活，下輩子想當一隻貓。

林育瑄｜嘉義人，熱愛食物、攝影與旅行，當過記者也做過政治工作，對糧食安全和食農議題、氣候調適有高度興趣，所以選擇到很農的瓦赫寧恩大學念書，希望找到在進行永續轉型同時、兼顧弱勢族群權益的方法。

林宓｜花蓮人，相繼於北緯 56 度至 1 度間生活，善於流浪與空間紀錄。遊歷四十國，擁有非著作但等身的手繪日誌；作品尺度常穿梭於描繪城市與家具之間，尤醉心於刻畫他人日常。

林宜萱｜台夫特理工大學建築碩士畢。在學期間，於荷事生非平臺發表建築設計與城市規劃相關文章。畢業後任職於荷蘭建築師事務所，參與高雄車站、臺南圖書館、高雄社會住宅、臺中綠空廊道、桃

園車站等臺灣公共案件。

張芸翠｜關注永續和環境的議題，留學於荷蘭 TU Delft 建築管理所、英國 UCL 都市規劃所等，遊走於建築、都市不同尺度之間，希望能持續做個快樂的旅行家、讀書人和分享者。

許涵｜宜蘭人，曾任編輯、譯者、餐廳二廚、咖啡師等。興趣是替貓咪養老。

郭騰傑｜荷蘭文學基金會核可譯者，荷蘭政府認證譯者，文學愛好者。荷蘭文作品譯有小說《無法平靜的夜晚》、《被消失的貼文》，動物童話《你好嗎？》，圖像小說《梵高》，繪本《莫瑞鼠》系列、《北極》等。

陳玫妏｜臺灣新北市人，大學教師，荷蘭人妻，育有一女。從事族群、性別、人類學與宗教學研究。因熱愛文字，在教學研究之餘亦從事翻譯，代表譯作包括《女孩，妳真的夠好了！》、《我這樣告訴我女兒》、《中國小小兵》等。近期跨界童書繪本翻譯，譯有《好棒的帽子！》。目前人在臺灣學術叢林中求生，但有一半的心遺落在荷蘭有狼出沒的森林中。

陳亮宇｜荷蘭阿姆斯特丹大學人文地理、規劃與國際發展研究博士，現為元智大學社會暨政策科學學系助理教授。留學荷蘭期間，喜歡走訪大小城鎮和博物館，穿梭在運河與巷弄間欣賞風景，以及在書店童書區看繪本。

黃又嘉｜來自臺灣南部，落腳荷蘭中部近十年。喜歡人、書、大

自然和文化藝術。踏足藝術圈、出版業、電商、科技顧問、銀行業。曾是荷事生非幕後推手之一，喜愛讀書寫字。

楊爾文｜來自臺北，國立臺灣大學地質科學碩士，在臺大做海洋生物地球化學相關研究。目前就讀於荷蘭瓦赫寧根大學環境科學碩士，關心環境變遷與環境正義。

葉珊｜1987 年生，前二魚文化出版社發行人暨總編輯。臺大戲劇系學士、倫敦金匠學院（Goldsmiths, University of London）表演與文化研究碩士（MA）、阿姆斯特丹大學（University of Amsterdam）戲劇構作碩士（MA）畢業。編過一些書、當過演員、寫過專欄。現為荷事生非特約編輯，偶爾翻譯，居阿姆斯特丹。

董芸安 Olivia｜2010 年到荷蘭學習社會學，在鹿特丹、萊頓兩座城市間游移大概十個年頭，喜歡荷蘭東邊的國家林地，更喜歡探索荷蘭超市的天地。

詹宜樺｜曾任無業遊民、網站記者、平面設計師、雜誌編輯、行銷企劃兼客服人員、物流採購，現任材料及專案規劃專員，人生不斷轉換角色，下一站尚未知。

詹惠雅｜出生臺灣新北、成長於雨都基隆，成年後到桃園工作，目前落腳於荷蘭。在異鄉慢慢長出自己的根的同時，也持續回望故鄉。

廖冠濱｜仰慕荷蘭歷史與文化而加入荷事生非，曾在出版業打滾將近十年，尤其喜歡童書、科普、歷史與推廣閱讀，編輯作品涵蓋繪本、小說、科學知識、設計藝術等，立志用不同方式呈現最好的知識內容。

廖珮馨｜臺北人，目前定居荷蘭，St. Joost School of Art & Design 平面設計碩士。在荷蘭多年，曾開過工作室，也曾為臺灣多家媒體撰寫外稿，內容包羅萬象，喜歡將生活中察覺到有意義、特別的人事物，嘮嘮叨叨地講出來，與認識、不認識的人分享。近幾年來玩上攝影，待續。

劉宜芳｜因為愛上一隻兔子，而將一生交給荷蘭的臺北女子。喜歡吃也喜歡煮，喜歡閱讀也喜歡寫作，喜歡觀察也喜歡思考。目前正浸泡在荷蘭中部的小鎮村裡，學習荷蘭人超愛自己和享受當下的生活態度，期待自己的生命也能成為一杯美酒、一品佳釀。

賴慧玲｜成長於彰化一個田間種著工廠的小鄉鎮，長大後飛到千里外的北英格蘭研究十九世紀英國小說中的攝影影像與自我；多年後峰迴路轉到倫敦修習環境社會科學，再落腳荷蘭海牙思索臺灣農鄉與原鄉的草根創新和永續課題。取得博士學位後，輾轉再到英國探索工業淨零轉型的空間意義。現居高雄，精神上的海牙居民。

顏依涵｜當過東京的OL，在朝日新聞擔任打字工。下班常去買花，卻因剪花時的矛盾感，輾轉來到荷蘭，探索人與植物的關係。擅長將日常瑣事上升為哲學問題，把平凡變有趣。目前從事藝術創作，關注情感與認知。喜歡荷蘭的夏天和蟠桃，最近在研究怎麼做八仙果。

羅翊寧｜生在新北的小山谷，曾於荷蘭交換，從此愛上荷蘭的繽紛。現以文字為羅盤，探訪各地各界豐富有趣的人文風土。

荷以永續 —— 荷蘭的創新之路

作　　者	Nakao Eki Pacidal、台客 J、余柔璇、吳婧儀、宋致誠、李沛恩、林育瑄、林宓、林宜萱、張芸翠、許涵、郭騰傑、陳玫妏、陳亮宇、黃又嘉、楊爾文、董芸安、詹宜樺、詹惠雅、廖珮馨、劉宜芳、賴慧玲、顏依涵
編輯小組	朱庭葦、宋致誠、林千毓、張芸翠、陳玫妏、陳亮宇、葉珊、廖冠濱、劉宜芳、羅翊寧
責任編輯	楊佩穎
封面設計	江孟達設計工作室
內頁排版	NICO CHANG
出 版 者	前衛出版社

10468 臺北市中山區農安街 153 號 4 樓之 3
電話：02-25865708　｜傳真：02-25863758
郵撥帳號：05625551
購書・業務信箱：a4791@ms15.hinet.net
投稿・編輯信箱：avanguardbook@gmail.com
官方網站：http://www.avanguard.com.tw

出版總監	林文欽
法律顧問	陽光百合律師事務所
總 經 銷	紅螞蟻圖書有限公司

11494 臺北市內湖區舊宗路二段 121 巷 19 號
電話：02-27953656　｜傳真：02-27954100

出版日期	2025 年 05 月初版一刷
定　　價	新臺幣 400 元

ISBN：978‐626-7463-99-4
EISBN：978-626-7727-00-3(EPUB)
EISBN：978-626-7727-01-0(PDF)

©Avanguard Publishing House 2025
Printed in Taiwan.

* 請上『前衛出版社』臉書專頁按讚，獲得更多書籍、活動資訊
https://www.facebook.com/AVANGUARDTaiwan

國家圖書館出版品預行編目(CIP)資料

荷以永續：荷蘭的創新之路 / 陳亮宇等著.-- 初版.-- 臺北市：前衛出版社, 2025.05
　面；　公分
　ISBN 978-626-7463-99-4(平裝)

1.CST: 社會生活 2.CST: 永續發展 3.CST: 荷蘭

747.23　　　　　　　114005522